나쁜
유적지들

일러두기

· 외국의 인명과 지명은 국립국어원의 외래어 표기법을 따르되, 일부 명칭은 두루 쓰여 굳어진 말
  을 그대로 썼습니다.

전쟁과 **학살**의 현장에서 배우는 **인권**

나쁜 유적지들

박민경 지음

어두운 역사를 비추는 기억의 힘

20세기 이전에도 전쟁과 반란은 있었습니다. 수많은 사람이 서로를 죽이고 죽임을 당했지요. 하지만 그 범위가 그리 크지는 않았습니다. 전투는 대부분 무기를 든 군인들 사이에서 일어났고, 특정한 민족이나 사람들을 전부 없애려고 하지는 않았습니다. 그런데 20세기에 들어서 처음 일어난 아르메니아 사람들에 대한 학살은 몹시 달랐습니다. 제2차 세계대전 때 벌어진 나치 독일의 유대인 학살 역시 이전과는 달랐습니다.

1944년, 폴란드의 유대인 변호사였던 라파엘 렘킨은 두 차례의 세계대전 동안 일어난 끔찍한 학살에 분노했습니다. 학살을 일으킨 자들에게 반드시 처벌이 이루어져야 한다고 생각했지요. 그래서 새로운 용어를 만들어 내게 됩니다. 바로 제노사이드^{genocide}입니다. 그리스어로 '민족', '인종'을 뜻하는 게노스^{genos}와 라틴어로 '죽이다'를 뜻하는 말에서 생겨난 사이드^{cide}를 합친 말입니다. 이 용어는 1948년 유엔 총회에서 집단 학살 범죄의 예방과 처벌을 위한 '제노사이드 협약'으로 세상에 알려집니다.

제노사이드는 특정 집단의 존재를 아예 지워 버리려는 의도 아래 일어납니다. 이 외에도 몇 가지 조건들이 있다 보니 오늘날 유엔에서 직접 인정한 제노사이드 사례는 몇 건 되지 않습니다. 렘킨의 의도와는 달리 많은 사람에게 아직 낯선 용어이기도 합니다. 게다가 제노사이드라 부르지 않더라도 20세기를 전후해 세계 역사에는 너무나 끔찍한 학살이 계속 이어졌습니다. 종교나 민족, 사상이 다르다는 이유 때문이었습니다. 모든 사람이 똑같을 수 없는 이 지구에서 다름이 차별이 되고, 차별이 학살이 되는 일들이 벌어진 것이지요. 이 책에서 이야기하고 있는 것은 얼마나 끔찍한 일들이 어떻게 벌어졌는지에 대한 과정만이 아닙니다. 학살이 인류 역사에서 다시는 반복되지 않기 위해, 기록하고 기억하는 일이 얼마나 중요한지 말하고 싶었습니다.

인권이란 사람이 사람답게 살아갈 수 있는 권리를 말합니다. 그것이 지켜지려면 내가 가진 권리가 정확히 무엇인지 알고, 또 그것이 침해받거나 차별받지 않는 사회가 되어야 합니다. 특히 미래 세대에게 인권이 짓밟혔던 과거를 배우는 일은 매우 중요합니다. 인간의 존엄이 뒤로 밀려날 때 얼마나 끔찍한 일이 일어나는지 알아야만 그 일을 막을 수 있을 테니까요. 이것이 바로 기억의 힘이고, 인류가 평화로 나아가기 위한 노력의 첫걸음이 될 것입니다. 이 책이 그 길에 작지만 큰 시작이 되어 주기를 바랍니다.

차례

7장

아르메니아, 메즈 예게른 ‡ 끝나지 않은 죽음
#20세기_최초의_제노사이드

1장

중국, 난징 대학살

우리는 사람이 아니었습니다

#일본군_'위안부'   #안전지대   #냉전

제 이름은 하쿠토, 일본군입니다

1937년, 전쟁을 선언하고 채 한 달도 되기 전에 일본은 중국의 수도인 베이징을 완전히 무너뜨렸습니다. 하쿠토를 비롯한 일본군은 뿌듯함을 가슴에 안고 상하이로 향했습니다. 그러나 상하이의 저항은 생각보다 만만치 않았습니다. 여름에 시작한 전투는 초겨울이 되어서야 끝났고, 일본군은 다음 목표인 난징으로 향했습니다.

12월 13일 새벽, 일본군은 어렵지 않게 난징으로 들어갈 수 있었습니다. 그리고 믿을 수 없는 일이 벌어졌습니다. 하쿠토의 상관은 상하이 전투의 분풀이를 하듯 눈에 보이는 대로 사람들을 죽이기 시작했습니다. 하쿠토에게는 포로를 모두 죽이라는 명령이 내려졌습니다. 중국인 포로에 대한 학살이 밤새 계속되었습니다.

어느 날, 하쿠토는 시합이 열린다는 소식에 아침부터 동료와 함께 시합 장소를 찾았습니다. 그곳에서는 장교 2명이 중국인의 목을 향해 쉴

새 없이 칼을 휘두르고 있었습니다. 누군가가 손을 들어 이미 100명이 넘게 죽었음을 알리기 전까지 칼은 멈추지 않았습니다. 다음 날, 하쿠토는 훈련에 갔다가 깜짝 놀랐습니다. 하쿠토가 마주한 훈련 대상은 평소처럼 짚으로 만든 인형이 아니라 자기 또래의 남자아이였습니다. 하쿠토가 잠시 머뭇거리자 바로 상관의 발길질이 날아들었습니다. 결국 검을 내리친 하쿠토는 그 자리에서 토악질을 하고 말았습니다.

저녁이 되어 막사로 돌아온 하쿠토는 한 동료가 잡아 온 여자들을 어떻게 죽였는지 자랑스레 늘어놓는 이야기를 들었습니다. 그중에는 아홉 살짜리도 있었습니다. 하쿠토는 잠을 이루기 어려웠습니다. 고향에 계신 부모님의 얼굴이 죽어 간 사람들과 겹쳐졌고, 여동생의 얼굴은 오늘 잡혀 온 여자아이들과 겹쳐졌습니다. 갑자기 눈물이 흘렀습니다.

'빨리 이 지옥을 벗어나고 싶다.'

찬란한 역사를 품은 땅

중국에서 가장 긴 강은 어디일까요? 양쯔강입니다. 이 거대한 양쯔강에 둘러싸여 풍요를 누리는 도시가 바로 난징이죠. 난징은 예로부터 사람이 모여들다 보니 경제가 발달했고 정치와 문화의 중심지였습니다. 그런 만큼 이미 3세기부터 중국 역사에서 수많은 나라의 수도로 이름을 올렸죠. 대표적으로 명나라의 첫 황제가 난징에 터를 잡았습니다.

1911년은 중국의 수천 년 역사에서 가장 큰 사건이 일어난 해입니다. 대대로 황제가 다스리며 자신들이 세상의 중심이라 여겼던 청나라가 밀려드는 서구 열강 앞에 무너지고 중국의 마지막 제국이 된 것입니다. 쑨원은 그 자리에 중화민국을 세우고 수도를 난징으로 정합니다.

역사 속 많은 나라의 수도였기 때문일까요? 난징 사람들은 나라를 사랑하는 마음이 더욱 강했던 것 같습니다. 1919년에 일어난 우리나라의 3·1운동을 보고 이곳에서도 5·4운동이라는 반일 시위가 일어났거든요. 1928년에는 **국민당❓**을 이끄는 장제스가 난징을 수도로 한 새로운 나라를 꿈꾸기도 했습니다. 일본군이 1937년에 난징 대학살을 일으키기 전까지 말입니다.

> ❗
>
> 국민당은 오늘날 '중국 건국의 아버지'라 불리는 쑨원이 만든 정당을 말한다. 쑨원이 죽은 1925년부터는 장제스가 당의 지도자가 되었다.

중국 역사에서 굵직한 사건이 일어난 곳인 만큼 난징에는 가볼 데가

'남쪽의 수도'를 뜻하는 난징은 풍부한 문화유산을 품은
공업 도시이다. 사진 속 다리는 난징에 세워진 양쯔강대교로,
위쪽으로는 자동차와 사람들이 다니고,
아래쪽으로는 기차가 다닌다.

많습니다. 그중에서도 난징 대학살 기념관은 난징에 갔다면 꼭 한 번은 들러야 할 곳입니다. 이곳은 무엇을 기억하기 위해 세워졌을까요? 앞서 살펴본 하쿠토의 이야기는 정말 있었던 일일까요? 이제부터 천천히 알아보겠습니다.

버려진 도시와 사람들

1937년 7월, 일본군은 며칠 만에 중국의 베이징과 톈진을 점령했습니다. 그해 8월에는 톈진에서 1,000킬로미터나 떨어진 상하이까지 나아가 공격을 퍼부었습니다. 장제스가 이끄는 국민당은 난징으로 통하는 관문과도 같았던 상하이를 지키고자 목숨을 걸고 맞섰습니다. 그러나 가을바람이 불어올 때쯤 국민당은 지쳐 가기 시작했습니다. 결국 11월에 장제스는 얼마 남지 않은 군대를 철수하기로 결정합니다.

　장제스는 상하이가 적의 손에 넘어가는 것이 수도인 난징을 넘겨주는 것과 마찬가지라고 생각했습니다. 그래서 수도를 난징에서 충칭으로 옮겨 버립니다. 그들이 포기한 것은 난징이라는 도시만이 아니었습니다. 100만 명이 넘는 난징 사람들 역시 버려졌죠.

　몇몇 군인들이 남아 난징을 지켜 보려고 했지만 그들도 결국 일본군을 피해 양쯔강을 건너 도망쳤습니다. 사람들은 너도나도 난징을 탈출했지만, 가난하거나 늙고 병든 이들은 남을 수밖에 없었습니다. 그때까지만 해도 그들은 앞으로 펼쳐질 끔찍한 일들을 상상조차 하지 못했습니다.

강물을 붉게 물들이다

상하이 전투에서 맞닥뜨린 거센 저항은 일본군에 적지 않은 피해를 입혔습니다. 일본군은 그에 대한 복수라도 하듯이 난징을 망가뜨리기 시작했습니다. 그들의 총부리가 가장 먼저 향한 곳은 난징에 남아 있던 중국군이었습니다. 일본군의 증언에 따른 당시 모습은 다음과 같습니다.

> "수천 명의 중국인 군인들이 모여 있었다. 그중에는 열두 살에서 열네 살 정도 되어 보이는 어린아이들도 있었다."
> "수많은 전쟁을 하면서 이렇게 많은 포로를 본 적이 없었다."
> "너무 많은 사람을 죽여 그 시체가 산을 이룰 지경이었다. 그래서 태우고 남은 시체는 양쯔강으로 던져 버렸다."

일단 포로로 잡히면 어떤 자비의 손길도 없었습니다. 일본군은 아무런 무기도 없는 민간인을 비롯해 난징에 남아 있던 중국군 5만 7,000여 명을 무푸산 근처에서 살해했습니다. 이게 끝이었을까요? 일본군은 아이와 노인 할 것 없이 사람들을 마구 죽이기 시작했습니다. 당시 난징에는 일본 언론사에서 보낸 기자들이 취재를 위해 머무르고 있었습니다. 전쟁터를 돌아다니며 수많은 죽음을 보아 왔던 기자들에게도 난징에서 벌어진 학살은 엄청난 충격이었다고 합니다.

일본군은 살아 있는 것이라면 모조리 없애 버리려고 작정한 듯 보였습니다. 민간인 사이에 숨어 있는 군인을 찾아낸다며 손에 굳은살이 있거나 이마에 모자 자국이 있으면 죽여 버렸습니다. 나중에는 사람을 죽이는 것을 마치 장난처럼 생각했던 것 같습니다. 실제로 어떤 일본군은 자신의 일기에 다음과 같은 말을 남겼습니다.

중국인을 죽이는 것으로 무료함을 달랜다. 산 채로 묻어 버리거나 태워 죽이고 몽둥이로 때려죽이기도 했다.

난징에서는 도대체 무슨 일이 벌어졌던 것일까요?

더 빨리, 더 많이 죽이는 시합

난징 대학살은 1937년부터 1938년까지 일본군이 중국인 포로와 일반 시민을 닥치는 대로 죽인 사건을 말합니다. 그중에서도 악명 높은 것이 바로 100인 목 베기 시합입니다. 일본군 장교 2명이서 누가 더 빨리 중국인 포로 100명의 목을 베는가를 겨룬 것이죠. 놀랍게도 이 시합은 일본 신문에 "믿을 수 없는 기록", "106명 대 105명으로 두 소위, 연장전에 들어가다"라는 제목으로 실렸습니다.

전쟁은 여성에게 더욱 잔혹합니다. 난징에서도 마찬가지였습니다. 여자아이부터 70세가 넘은 할머니까지 나이를 가리지 않고 일본군에게 희생당했습니다. 그들은 여성을 성폭행하고 목숨을 앗아 가기까지 했습니다. 글로 다 적을 수 없을 만큼 엄청난 폭력이 약 1개월 동안 2만여 명의

東京日日新聞　（月曜日）　昭和十二年十二月十三日

百人斬り'超記録'

向井106—105野田

両少尉さらに延長戦

"百人斬り競争"の両将校

〈右〉野田巖少尉

〈左〉向井敏明少尉

〈常州にて〔佐藤〕特派員撮影〉

【紫金山麓にて十二日淺海、鈴木両特派員發】といふ輕機をはじめとする砲火網の卍士向井敏明、野田巖両少尉が十日の紫金山攻略戰のどさくさに百六對百五といふレコードを作つて十日正午両少尉はさすがに双ぞぼれした日本刀を片手に對面した

〔以下、記事本文〕「百人斬り競争！」野田「おい／おれは百五だが貴様は」向井「おれは百六だ！……」……両少尉は"アハハ"と快豪に笑ふいづれが先きに百人斬つたこと、に

100인 목 베기 시합을 실은 당시 신문 기사.
일본군 장교 2명이 카메라를 향해 포즈를 취하고 있다.
두 장교는 훗날 재판에서 자신들의 범행을 끝까지
부인했다.

난징 여성에게 저질러졌습니다. 보다 못한 서구 사회가 이 일을 강하게 비판하고 나서자 일본은 괴상한 아이디어를 내놓습니다. 우리가 잘 알고 있는 **일본군 '위안부'**를 만든 것입니다.

> 일본군 '위안부'란 일제 강점기에 군대로 끌려가 성폭행을 당한 식민지 여성들을 일컫는다. 여기서 위안은 위로하여 마음을 편하게 한다는 뜻으로, 진실을 가리려는 일본의 의도가 숨어 있다. 오늘날에는 이 말을 인정하지 않는다는 의미에서 작은따옴표를 붙여 '위안부'라 쓰고 있다.

그들의 생각은 이랬습니다. 당시 일본의 식민지였던 여러 나라에서 여성을 데려와 '위안부'를 운영하면 문제가 해결될 거라고 말입니다. 군인들이 성병에 걸리는 것을 막고 일본도 다른 나라의 손가락질에서 벗어날 수 있다고 본 것이죠. 그리하여 중국 곳곳에 위안소가 만들어졌습니다. 난징에만 40개가 넘는 위안소가 있었다고 합니다. 수많은 여성이 강제로, 또는 돈을 벌 수 있다는 말에 속아 이곳으로 끌려왔습니다. 그중에는 우리나라 여성도 있었습니다.

난징에서 벌어진 일들은 인간이 인간이기를 포기할 때 일어날 수 있는 최악의 모습이 아니었을까 싶습니다. 겁에 질려 머뭇거리는 병사에게 한 일본군 장교는 이렇게 말했다고 합니다.

"너희는 지금까지 아무도 죽이지 못했으니 오늘은 사람 죽이는 연습을 좀 해야겠다. 중국인을 사람으로 생각하지 말고 개나 고양이 정도

난징에 세워졌던 리지샹 위안소의 옛터.
일본이 아시아에 설치한 위안소 중 가장 컸던 곳으로,
다양한 나라에서 끌려온 여성들이 이곳에서 고통받았다.
ⓒ난징 대학살 기념관

로 생각해라."

그들도 일본에서는 누군가의 다정한 아버지 또는 착한 아들이었을 것입니다. 그러나 전쟁 속에서 그들은 악마처럼 변해 갔습니다. 이 당시에 일본군에 희생당한 이들은 자그마치 30만 명에 달합니다.

난징 대학살이 더욱 끔찍한 이유는 너무나 짧은 기간 동안 많은 사람이 목숨을 잃었다는 점입니다. 우리가 잘 아는 나치의 유대인 학살조차 6년에 걸쳐 일어났습니다. 일본군은 난징에서 단 6주 만에 30만 명을 학살했습니다. 12초에 한 명씩 사람을 죽인 셈이죠. 그것도 말로 할 수 없을 만큼 몹시 끔찍하고 잔인한 방식으로 말입니다.

정의로운 사람들의 안전지대

전쟁터라고 해서 모두가 서로에게 적인 것은 아닙니다. 어떤 순간에도 망설임 없이 도움의 손길을 베푸는 사람은 늘 있습니다. 우리나라가 일제의 지배를 받던 시기에 **후세 다쓰지❷** 같은 정의로운 일본인들은 독립운동가들을 도와주었습니다. 나치가 유대인을 학살할 때도 오스카 쉰들러 같은 사업가는 위험을 무릅쓰고 1,000명이 넘는 목숨을 구했습니다. 역사는 그들의 용기를 기억합니다. 후세 다쓰지는 일본인 최초로 대한민국 건국훈장을 받았으며, 오스카 쉰들러는 나치 당원임에도, 유대교의 성지인 예루살렘에 묻혔으니까요.

1937년 난징에도 정의로운 사람들이 있었습니다. 선교사였던 윌슨 플러머 밀스는 다른 외국인들과 힘을 모아 난징의 서쪽 지역을 '안전지대'로 만들었습니다. 그들은 국제위원회라는 이름으로 활동하며 일본군에 맞서 난징 시민들을 끝까지 보호했습니다. 그중 대표적인 인물이 독일에서 온 존 라베입니다. 라베는 전 재산을 털어 식량과 구호품을 마련했습니다. 그리고 수많은 시민이 안전지대로 몸을 피하도록 도왔습니다. 그러나 안전지대도 완벽하게 안전하지는 않았습니다. 국제위원회의 노력에도 일본군은 시민들을 함부로 대하지 않겠다는 약속을 어겼습니다.

일본군은 군인을 찾아낸다며 조금만 의심스러워도 중국인 남자들을 무조건 잡아 죽였습니다. 안전지대에 있는 학교 안에서 여성들을 성폭행하기도 했습니다. 라베는 일본군이 있는 곳을 직접 찾아다니며 여성과 어린아이를 위험으로부터 구해 냈습니다.

미국에서 온 로버트 윌슨도 정의로운 사람들 가운데 한 명이었습니다. 외과 의사였던 그는 누구보다 괴로운 현실을 많이 마주해야 했습니다. 일본군의 심부름을 하다가 쇠몽둥이에 맞아 얼굴을 알아볼 수 없게 된 소년, 칼에 찔려 뱃속 아이를 잃은 여성, 산 채로 불에 태워져 실려 온 남성 등 폭력의 끝은 보이지 않았습니다. 그는 자신이 치료한 환자가 혹시라도

난징 대학살에서 수많은 중국인을 구한 존 라베는 '난징의
살아 있는 부처', '중국의 쉰들러'로 불린다. 고국으로
돌아간 라베는 1950년에 심장 마비로 사망했으며
그의 묘비는 훗날 난징으로 옮겨졌다.

돌아가는 길에 또 다른 위험에 처할까 봐 직접 집까지 데려다주기도 했습니다. 환자들은 대부분 가난했고 그나마 가지고 있던 것조차 전쟁 중에 빼앗겨 병원비를 낼 수 없었지만 그는 전혀 개의치 않았습니다. 자신의 건강이 위태로운 순간에도 그는 최선을 다해서 난징의 수많은 생명을 구했습니다.

당시 안전지대에서 보호했던 사람만 30만 명쯤 되었다고 합니다. 난징을 떠나지 못한 사람이 약 60만 명이었으니 그중 30만 명은 일본군에게 죽임을 당한 셈입니다. 만약 국제위원회가 만들어 낸 안전지대가 아니었다면 난징에서는 단 한 명도 살아남지 못했을지 모릅니다.

살아남은 자들의 삶

전쟁이 끝난다고 해서 평화가 바로 오진 않습니다. 전쟁의 상처는 수십 년에 걸쳐 이어집니다. 일본이 일으킨 전쟁의 아픔은 한 나라만의 이야기가 아니었습니다. 동남아시아부터 한국과 중국에 이르기까지 수많은 나라가 지금도 그 상처를 안고 살아가고 있습니다. 일본군이 파괴한 것은 건물뿐만이 아니었으니까요. 행복한 삶의 터전은 물론, 사람들이 일구어 온 역사와 문화까지 모두 파괴했습니다.

1937년 12월 13일부터 시작된 학살로 6주 동안 난징의 3분의 1이 사라졌습니다. 일본군은 사람이 사는 집뿐만 아니라 고대 유적지와 학교, 병원, 외국 대사관에까지 불을 질렀습니다. 그리고 은행과 상점을 돌며 온갖 물건을 약탈했습니다. 마약인 아편을 퍼뜨려 중독을 부추겼고 살아남은 사람들을 생체 실험에 이용했습니다.

일본군이 난징에서 물러난 것은 1945년 8월 6일에 미국이 일본 히로시마로 떨어트린 핵폭탄 때문이었습니다. 일본의 항복으로 전쟁은 막을 내리는 듯했습니다. 그러나 난징 사람들에게는 또 다른 고통이 기다리고 있었습니다. 학살에서 겨우 살아남은 이들은 끊임없는 병과 후유증에 시달려야 했습니다. 인간이 겪기에 너무나 끔찍한 기억은 평범한 일상을 고통으로 물들입니다. 어떤 이는 밤이 되어도 제대로 잘 수 없었으며, 밥을 먹는 것조차 어려웠습니다.

전쟁이 할퀴고 간 상처는 완전히 치유되기 힘든 것입니다. 학살의 흔적은 아직도 난징 사람들의 몸과 마음에 남아 있습니다. 파괴된 건물을 모두 회복하는 데에는 엄청난 돈과 시간이 필요합니다. 건물조차 그 전으로 돌아가기가 이렇게 어려운데 사람은 오죽할까요?

난징 사람들을 구한 정의로운 사람들의 삶도 영광스럽지는 않았습니다. 그들은 열악한 환경에서 무리한 구조 활동과 스트레스로 몸과 마음이 모두 허약해지고 말았습니다. 의사였던 윌슨은 미국으로 돌아갔지만 병원에서 요양 생활을 해야만 했죠. 당시를 기억할 때마다 발작과 악몽으로 고생하다 결국 죽음을 맞이했습니다.

라베의 경우는 더욱 안타깝습니다. 독일로 돌아간 그는 나치 비밀경찰에게 체포되어 심문을 받았습니다. 제2차 세계대전 당시에 독일은 일본과 같은 편이었기 때문입니다. 그는 일본이 난징에서 저지른 일을 절대 밝히지 않겠다는 각서를 쓰고 나서야 풀려날 수 있었습니다. 건강이 나빠지고 직업도 잃게 된 라베와 그의 가족은 먹을 것조차 없는 상황이 되었습니다. 다행히 1948년경 라베의 어려운 상황이 중국에 알려집니다. 난징시 정부와 시민들은 그를 위해 2,000달러와 함께 먹을거리를 독일로 보냈습니다. 라베는 너무나 기뻐했지만 그에게 남은 시간이 얼마 되지 않았습니다. 1950년에 그는 심장 마비로 세상을 떠났습니다.

그 밖에도 난징 시민을 도왔던 사람들 대부분 비슷한 어려움을 겪었다고 합니다. 우울증과 신경 쇠약에 시달렸고 결국에는 스스로 삶을 마친 사람도 있었다고 하니까요. 놀랍게도 일본은 자신들이 저지른 전쟁범죄에 대해 단 한 푼의 배상금도 지급하지 않았습니다. 지금까지 말이죠.

더 나은 미래를 위한 기록

오늘날 난징은 거대하고 세련된 모습입니다. 수많은 관광객이 고대의 흔적을 찾아 모여들고 명소를 보기 위해 머무릅니다. 난징 대학살 기념관도 그중 한 곳입니다.

난징 대학살 기념관은 1985년에 세워졌습니다. 1937년 난징에서 일어난 비극을 기억하고 희생자들을 기리기 위한 공간이 만들어지는 데 무려 48년이 걸렸죠. 그사이에 무슨 일이 있었던 것일까요?

중국은 오랫동안 사회주의 체제를 고집하며 문을 걸어 잠갔습니다. 사회주의란 국가가 생산 수단을 가지고 계획을 바탕으로 경제를 이끌어가야 한다는 생각을 말합니다. 사회주의가 기존 체제 속에서 자본의 재분

난징 대학살 기념관 앞에
세워진 동상으로, 아파트 5층
높이에 달한다. 죽은 아이를
안고 울부짖는 어머니의
모습을 표현한 이 동상은
난징 대학살의 끔찍함을
잘 보여 준다.

배를 요구하는 움직임이었다면, 공산주의는 기존 체제를 뒤엎고 사회를 강력하게 바꿔 나가야 한다는 생각이 더해진 것입니다. 반대로 자본주의는 생산 수단을 소유한 자본가가 이익을 좇아 움직이는 체제입니다.

1970년대 중국의 지도자였던 덩샤오핑은 경제를 되살리기 위해 문을 열어 서구 시장을 받아들여야 한다고 생각했습니다. 미국, 일본 등 자본주의 국가와 가깝게 지내야 했죠. 그런 상황에서 일본이 저지른 짓을 직접 이야기하기란 어려웠습니다.

또한 제2차 세계대전이 끝나고 미국과 소련은 **냉전❷** 상태로 들어섰습니다. 자본주의와 공산주의로 무리를 나눈 두 국가는 자기 편이 하나라도 더 필요한 상황이었습니다. 때마침 소련과 중국의 지원을 약속받은 북한이 6·25 전쟁을 일으키면서 미국은 일본과 손을 잡습니다. 그렇게 일본에게 학살의 책임을 묻는 일은 점점 멀어져만 갔습니다.

냉전은 제2차 세계대전 이후 미국을 중심으로 한 자본주의 세력과 소련을 중심으로 한 공산주의 세력의 대립을 말한다. 무기를 쓰지 않는 차가운 전쟁이라는 뜻에서 '냉전'이라 불렀으며 1990년 소련이 무너지며 끝났다.

그렇다면 당사자인 일본은 어땠을까요? 잘못을 반성하고 희생자들에게 사과해야 마땅했지만 그들은 그러지 않았습니다. 중국은 힘을 잃었고 한국은 뒤떨어졌기에 자신들이 대표로 서구에 맞서 거룩한 전쟁을 치른 것이라 생각했습니다. 그 과정에서 생긴 희생은 전쟁이기에 어쩔 수 없다는 식이었죠. 가해자였던 일본은 지금까지도 진실을 지우기 위해 애쓰고 있습니다.

2024년에 난징 대학살 기념관을 찾았을 때, 이른 아침에도 사람들은 길게 줄지어 서서 문이 열리길 기다렸습니다. 난징에 사는 시민뿐 아니라 먼 길을 마다하지 않고 찾아온 중국인과 외국인이 함께였습니다.

기념관에 들어서면 거대한 검은색 벽과 십자가 모양의 기념비가 나타납니다. 건물 안으로 들어가자마자 마주하는 것은 양쪽 벽면을 가득 채운 희생자들의 사진입니다. 그 엄숙한 공간을 지나면 일본군이 1937년 12월부터 이듬해 1월까지 6주 동안 저지른 끔찍한 범죄가 하나하나 기록으로 남아 있습니다. 관람 공간 중에는 실제 희생된 사람들의 뼈가 쌓여 있는 곳도 있습니다. 당시에 얼마나 많은 사람이 아무런 이유 없이 죽어야만 했는지를 알 수 있습니다.

일본에서는 아직도 난징 대학살이 거짓이라는 믿음이 살아서 꿈틀거립니다. 실제로 일본의 한 정치인은 이렇게 말했습니다. "사람들은 일본이 난징에서 대학살을 저질렀다고 말하지만 그것은 사실이 아니다. 이 이야기는 중국이 꾸며 낸 거짓말이다." 정치인뿐일까요? 일본의 고위급 정부 관료는 "내가 그때 난징에 있어 잘 아는데 모두 지어낸 것이다. 그때 끌려온 한국 여성은 강제로 온 것이 아니다"라고 했습니다.

난징은 학살의 역사를 후대에 전하기 위해 노력하고 있습니다. 살아남은 사람들의 증언을 기록하고 영상으로 남기고 있지요. 안전지대를 만들어 난징 사람들을 보호했던 외국인들의 기록 또한 소중히 간직하고 있습니다. 기록해야만 기억할 수 있고, 기억해야만 다시는 이런 끔찍한 범죄가 일어나지 않을 수 있을 테니까요.

희생자 30만 명을 다양한
언어로 표시한 재난의 벽과
학살 기간을 적은 십자가 기념비.
우리나라 말로는 '조난자', '30만'
이라는 글자가 새겨져 있다.

1937.12.13
-1938.1

遇难者 300000
遭難者　　　300,000
조 난 자　　30만
Жертвы　　300 тысяч
Vítimas　　trezentos mil
Vittime　　trecento mila
Θύματα　　τριακόσιες χιλιάδες
Víctimas　　trescientos mil
Victimes　　trois cents mille
Opfer　　drei hundert tausend
Victims　　three hundred thousand

난징 대학살 기념관에서 관람을 마치고 나오면 마지막 공간의 벽에 중국어와 영어, 일본어로 적힌 말이 있습니다. 그 내용을 간추리면 다음과 같습니다.

역사는 역사이고, 사실은 사실입니다. 재판에서 철저한 조사를 통해 난징 대학살의 진실이 밝혀졌고, 수많은 증거가 있습니다. 역사를 잊는 것은 진실을 거부하고 배신하는 것으로 범죄를 반복해도 된다는 것입니다. 난징 대학살의 역사를 기억하는 것은 더 나은 미래와 평화를 위해서입니다.

진실을 감추고 잘못을 인정하지 않는 일본에게 하는 말이 아닐까 합니다. 난징 대학살에 희생된 30만 명을 우리가 함께 기억해야 하는 이유도 다르지 않습니다. 우리나라를 비롯해 아시아의 많은 국가, 심지어 일본조차 전쟁으로 깊은 상처를 입었고, 다시는 이러한 비극이 되풀이되어서는 안 되기 때문입니다.

2장

독일, 홀로코스트

나치라는 이름의 그림자

#유대인   #우생학   #세계_인권_선언문

제 이름은 얀, 유대인입니다

신문을 읽던 얀의 아버지가 탁상을 쾅 하고 내리쳤습니다.

"거짓말쟁이들, 사기꾼들! 폴란드는 독일을 공격하지 않았어!"

얀은 아버지가 읽던 신문을 들여다봤습니다. 독일이 폴란드를 침공한 것은 폴란드가 먼저 독일을 공격했기 때문이라는 기사 내용이 눈에 들어왔습니다.

바르샤바 거리는 독일군으로 가득 찼습니다. 몇 년 되지 않아 시청 공무원이 노란색 별 모양이 그려진 배지를 나눠 주었습니다. 앞으로 '다윗의 별'이라고 부르는 이 배지를 항상 몸에 지녀야 한다고 했습니다. 유대인이라는 이유에서였습니다. 배지를 단 날부터 얀은 학교에 갈 수 없었습니다. 학교에서는 유대인 아이들에게 등교하지 말라는 말만 되풀이했습니다.

얀의 가족은 곧 '게토'라고 부르는 곳으로 이사를 가게 되었습니다. 그곳에서는 다른 가족과 집을 나누어 써야 했습니다. 얀이 예전에 살던 마을과 게토 사이에는 커다란 벽이 만들어졌습니다. 그리고 유대인은 그 벽 밖으로는 다닐 수 없다는 푯말이 세워졌습니다. 유대인이 아닌 사람과 결혼한 폴라 아줌마는 남편을 만나러 게토 밖으로 나갔다가 돌아오지 못했습니다.

먹을 것은 늘 부족했습니다. 외부와 단절된 게토에서 음식은 독일군이 조금씩 가져다주는 것이 전부였습니다. 사람들은 음식을 서로 훔치기 바빴고 늘 싸움이 끊이질 않았습니다. 땔감도, 약도 부족했습니다. 제대로 먹지 못한 노인과 아이가 거리에서 죽어 가는 것을 얀은 지켜볼 수밖에 없었습니다. 게토의 공간은 한정돼 있는데, 매일 수많은 유대인이 새로 이사를 왔습니다. 잘 곳은 점점 좁아지고 먹을 것은 더욱 부족해졌습니다. 사람들은 추위와 굶주림으로 하나둘 지쳐 갔습니다.

"아버지, 우리는 언제 집으로 돌아가요? 언제까지 여기에 갇혀 있어야 해요?"

"독일 사람들은 우리를 싫어해. 싫어해서 같이 살고 싶어 하지 않는단다."

게토에서 머무른 지 2년쯤 되었을 때, 커다란 트럭이 게토로 계속 들어왔습니다. 나치 독일의 군인들이었습니다. 그들은 모든 유대인을 게토에서 내쫓을 것이라 했습니다. 얀의 가족을 비롯해 같은 건물에 머물던 사람들이 모두 트럭에 올라탔습니다. 나중에는 트럭에서 기차로 갈아타야 했습니다.

기차는 사람이 아닌 물건을 싣는 화물열차였습니다. 사람들은 비좁은 공간에 짐짝처럼 태워졌습니다. 숨이 막힐 지경이었지만 무서워서 소리조차 낼 수 없었습니다. 한참을 달리던 기차는 어딘가에 멈춰 섰습니다. 기차에서 내리자 군인들이 사람들을 분류하고 있었습니다. 사람들은 한 명씩 군인이 가리키는 곳으로 흩어졌습니다. 얀보다 어려 보이는 아이조차 부모와 떨어져야 했습니다. 얀의 어머니는 손가락을 깨물어 피를 낸 다음, 얀의 얼굴에 펴서 바르기 시작했습니다.

"여기서는 아파 보이면 안 돼. 붉은 기가 돌면 좀 더 건강해 보일 거야."

얀은 다행히 어머니와 함께할 수 있었습니다. 얀의 무리와 다른 쪽에 있던 사람들은 어디론가 끌려갔고, 다음 날 그들의 옷가지가 소각장 옆에서 발견되었습니다. 얀의 팔에는 번호가 새겨졌습니다. 수용소에서의 첫날, 얀은 좀처럼 잠들기 어려웠습니다. 앞으로 어떻게 될지 불안했기 때문입니다.

인간이 만든 대재앙

홀로코스트^{Holocaust}란 제2차 세계대전 중에 나치 독일이 일으킨 유대인 집단 학살을 가리킵니다. 그런데 이 말이 처음부터 이런 의미를 가지고 있던 것은 아니었습니다. 원래 홀로코스트는 고대 그리스에서 동물을 불태워 신에게 제물로 바치는 것을 뜻하는 말이었지요. 이후에 제2차 세계대전을 거쳐 지금의 의미로 굳어진 것입니다.

홀로코스트는 1941년부터 1945년까지 유대인을 대상으로 이루어졌습니다. 희생자 수는 무려 600만 명에 이릅니다. 당시 유럽에 살던 유대인이 900만 명이었으니 3분의 2가 단지 유대인이라는 이유로 죽임을 당한 셈입니다. 홀로코스트 희생자는 유대인뿐만이 아니었습니다. 동성애자나 집시, 공산주의자, 장애인도 여기에 포함되었습니다.

홀로코스트 이전에도 전쟁이나 민족, 종교 갈등으로 벌어진 학살은 있었습니다. 그런데 홀로코스트가 이전의 학살과 다른 점이 하나 있습니다. 바로 매우 철저하게 이루어졌다는 점입니다. 국가가 앞장서서 계획을 세우고, 사람들을 한꺼번에 죽일 수 있는 체계를 만들고, 수용소를 갖추었지요. '나치'라는 이름으로 말입니다.

그들은 학살의 대상을 그때그때 마구 없애는 대신, 학살 직전까지 다른 곳에 있게 한 뒤 순서를 정해 가스실로 데리고 왔습니다. 학살 뒤처리에도 체계가 짜여 있었습니다. 규칙을 어길 경우에는 같은 독일인이어도 처벌받았습니다. 홀로코스트는 역사상 가장 철저하게 계획된 대량 학살이었던 것입니다.

독일 사람들은 왜 나치에 빠졌을까?

산업 혁명으로 부를 쌓고 제국이 된 독일은 제1차 세계대전에 뛰어들었지만 전쟁에서 졌습니다. 그리고 프랑스에서 열린 **파리 강화 회의**에서 막대한 배상금을 떠안았습니다. 우리나라 돈으로 약 300조 원이었던 배상금은 독일 국민이 몇십 년을 일해야 갚을 수 있는 금액이었습니다. 독일 국민은 구겨진 자존심과 함께 빚더미에 올라앉았습니다.

> 파리 강화 회의는 제1차 세계대전이 끝난 뒤 전쟁의 뒤처리를 위해 1919년에 프랑스 파리에서 열린 회의를 말한다. 전쟁에서 이긴 연합국은 베르사유 조약을 맺어 독일에 전쟁의 책임을 물었다.

독일 정부는 배상금을 치르기 위해 독일 화폐인 마르크화를 마구 찍어 냈습니다. 어떤 물건이든지 금이나 다이아몬드처럼 희귀할수록 값어치는 올라갑니다. 반대로 모래나 돌처럼 많을수록 가치가 떨어지는 법이죠. 마르크화도 마찬가지였습니다. 시장에 풀린 화폐가 늘어나니 돈의 가치는 떨어지고 물가는 오르기 시작했습니다. 1922년에는 160마르크를 주면 살 수 있었던 빵이 1년 뒤에는 2,000억 마르크짜리가 되었습니다. 지폐를 난로의 불쏘시개로 쓸 정도로 화폐 가치가 떨어졌죠.

그러던 와중에 1929년 대공황이 터집니다. 미국을 중심으로 일어난 세계적인 경기 침체는 유럽에도 영향을 미쳤습니다. 수많은 사람이 직업을 잃고 물가가 치솟는 상황을 맞이했습니다. 제1차 세계대전 이후 독일 역시 혼란스러웠습니다. 많은 정당이 생겨나 저마다 다른 주장을 하고, 지도자인 총리가 계속 바뀌면서 독일 국민의 불만은 쌓여만 갔습니다.

이 상황에서 독일 국민의 마음을 사로잡는 정당이 나타났습니다. 아돌프 히틀러를 중심으로 한 나치당이었죠. 히틀러는 독일 사회가 어지러운 원인을 외부의 적으로 돌렸습니다. 바로 유대인이었습니다. 동시에 독일에서 주를 이루는 게르만족이 세상에서 가장 우수한 민족이라는 자부심을 독일 국민에게 심어 주기 시작했습니다.

당시 자존심이 구겨질 대로 구겨져 있었던 독일 국민은 히틀러에게 열광했습니다. 결국 1933년에 권력을 잡은 히틀러는 나치당을 독일의 유일한 정당으로 만들며 독재를 위한 발판을 마련합니다. 나치 독일의 시작이었습니다. 그렇게 게르만족으로만 이루어진 대제국을 만들기 위해 히틀러는 폴란드를 침공하며 제2차 세계대전이라는 끔찍한 역사의 문을 열게 됩니다.

유대인이라는 붉은 글자

나치 독일이 작정하고 유대인을 차별하기 전에도 유대인들은 유럽에서 제대로 대우받지 못했습니다. 유대인이라는 이유로 일터나 학교에서 따돌림을 당했고, 길거리에서 폭행을 당하는 일도 있었습니다. 이것은 나치가 정권을 잡고 나서 유대인을 차별하는 정책으로 이어졌습니다. 나치는 유대인 상점에서 물건을 사지 말자는 불매 운동을 벌였고 공공기관이나 학교, 언론에서 일하는 유대인 지식층을 몰아내기 시작했습니다.

1935년 9월에는 뉘른베르크 법이라고 부르는 악법이 통과됩니다. 이 법은 '독일제국 시민법'과 '독일인의 피와 명예를 지키기 위한 법'으로 이루어져 있었죠. 그러나 그 내용은 독일인을 제외한 다른 민족, 특히 유대인을 차별하기 위한 것이나 다름없었습니다. 유대인은 독일인과 결혼이 금지되었으며, 모든 재산을 국가에 신고해야만 했습니다. 수영장이나 공원 같은 공공시설도 유대인에게는 허락되지 않았습니다.

나치 당원들은 발 빠르게 움직였습니다. 불매 운동을 북돋우기 위해 유대인이 운영하는 가게 문에 '유대인'이라는 글자를 페인트로 칠했습니다. 1938년부터는 여권에 유대인을 나타내는 알파벳인 J를 붉게 표시했습니다. 이러한 차별은 독일을 넘어 유럽 곳곳으로 퍼지면서 유대인에 대한 반감을 부추겼습니다. 많은 유대인이 견디다 못해 독일을 떠났지만 유럽 어디에도 마음 편히 지낼 곳은 없었습니다.

"홀로코스트는 가스실에서 시작되지 않았다. 이는 말에서 비롯된 것이다."

2009년에 '국제 홀로코스트 희생자 추모의 날' 행사에서 캐나다의 전 법무부 장관인 어윈 코틀러가 한 말입니다. 이처럼 나치는 당시 유대인을 향한 혐오에 불을 지피며 독재의 발판을 더욱 단단하게 다져 갔습니다.

나치의 힘이 강해질수록, 유대인은 점점 더 힘을 잃어 갔습니다. 나치는 유대인이 가진 가게와 공장, 회사를 모두 빼앗았습니다. 그들은 순수한

당시 유대인 여권. 왼쪽 위를 보면 유대인을
욕심쟁이, 구두쇠 같은 경멸의 의미로 가리키던
독일어 Jew의 'J'가 큼지막하게 찍혀 있다.

© Wikimedia Commons; Ehud Amir

아리아인으로만 이루어진 독일을 만들기 위해서라는 이유를 내세웠습니다. 그러나 진짜 목적은 독일 국민이 국가에 가지는 불만을 다른 곳으로 돌리는 것이었습니다. 그래야 나치가 마음대로 전쟁을 벌이고 권력을 휘두를 수 있으니까요. 그들은 신문과 라디오 등 언론을 이용해 유대인을 이 땅에서 없어져야 마땅한 존재로 만들어 갔습니다.

> 아리아인은 19세기 말부터 20세기 중반까지 원시 인도·유럽인에서 떨어져 나온 민족을 일컫는다. 히틀러는 게르만족이야말로 가장 순수한 아리아인이라고 믿었고, 게르만족이 다른 민족을 지배해야 한다고 주장했다.

게토로 내몰린 사람들

이윽고 나치는 유대인을 '게토'라는 특수 구역에 몰아넣기 시작했습니다. 폴란드, 소련 등 각 국가에서 가난한 사람들이 모여 살던 곳을 게토로 정하고 유대인을 이주시켰죠. 게토에 머무르는 유대인들은 독일 정부를 위해 일을 해야만 했습니다. 영화 〈쉰들러 리스트〉에 나오는 주인공의 공장 역시 게토에 사는 유대인의 노동력으로 운영되었습니다.

　나치는 유대인이 인간으로서 가지는 권리를 무시했습니다. 게토 안에서 유대인들은 제대로 먹거나 입을 수 없었고, 아파도 제때 치료받을 수 없었습니다. 추운 겨울에 난방이 되지 않는 집에 살아야 했고 아이들은 학교조차 갈 수 없었습니다. 또한 게토 안에서 이동하려면 항상 독일 경비원의 허가를 받아야 했습니다. 생존권, 이동권, 교육권 등 인간이라면 당연히 누려야 할 권리가 모두 짓밟혔습니다. 사람들은 게토에 갇혀 하나둘씩 굶어 죽고 병들어 죽고 얼어 죽었습니다.

당시 히틀러의 가장 가까운 부하이자 선전 부장이었던 요제프 괴벨스는 1939년에 한 게토를 방문한 뒤 일기에 다음과 같이 적었습니다.

"차를 타고 게토를 가로질러 갔다. 차에서 내려 모든 것을 자세히 살펴보았다. 말로 표현하기 어려울 정도였다. 그들은 사람이 아니라 짐승이었다."

홀로코스트는 이렇듯 물밑에서 이미 시작되고 있었습니다. 1941년 이후, 가스실이 설치된 **절멸 수용소❓**가 유럽 곳곳에 만들어졌습니다. 게토에서 살아남은 이들은 이 죽음의 수용소로 보내졌습니다.

절멸 수용소는 유대인 학살을 목적으로 세워진 수용소이다. 유대인 수용소는 크게 절멸 수용소와 노동력을 얻기 위한 강제 노동 수용소로 나뉘었다.

죽음으로 가는 마지막 기차역

1941년에 독일이 소련을 침공하고 일본이 미국의 진주만을 공격했습니다. 이것을 기점으로 강력한 군사력과 경제력을 갖춘 미국이 제2차 세계대전에 끼어들면서 전쟁은 독일에게 불리하게 흘러갔습니다. 길어지는 전쟁에 독일 국민도 불만을 드러내기 시작했습니다. 나치 독일은 반감을 가라앉히기 위해 또 한 번 유대인을 탄압하는 것으로 관심을 돌리려고 했습니다. 그렇게 1942년에 **최종 해결책**을 계획했습니다. 유럽에 사는 유대인을 모조리 없애 버리기로 한 것입니다.

최종 해결책이란 유대인을 대량 살해하기 위해 만들어진 정책을 가리킨다. 지금까지도 독일에서 최종 해결책이라는 말은 홀로코스트를 의미하는 단어로 받아들여지며 사용이 금지되어 있다.

나치는 가장 효율적인 방법으로 유대인을 학살하고자 했습니다. 그들이 처음 떠올린 방법은 트럭을 이용하는 것이었습니다. 트럭 짐칸에 배기가스통을 연결한 뒤 유대인들을 가득 태우고 시동을 걸면, 배기가스가 짐칸에 가득 차서 숨이 막혀 죽게 됩니다. 트럭을 그대로 몰고 가서 시체를 바로 구덩이에 묻을 수 있으니 그들에게는 매우 효율적인 방법이었습니다.

그리고 나치는 자신들이 점령한 유럽 곳곳에 수용소를 만들었습니다. 강제 노동 수용소에서 유대인은 죽을 때까지 일해야 했습니다. 반면에 '죽음의 수용소'라 부르는 절멸 수용소는 오직 유대인을 없애 버리기 위해 존재했습니다.

유대인을 대상으로 생체 실험이 이루어지는 수용소도 있었습니다. 나치의 의사였던 요제프 멩겔레는 이곳에서 벌인 끔찍한 실험들로 '죽음

아우슈비츠 제1수용소의 커다란 철문 위에는
'노동이 너희를 자유롭게 하리라 ARBEIT MACHT FREI'라는
글귀가 걸려 있다. 이것을 만드는 데 동원된
유대인들은 알파벳 'B'를 일부러 뒤집어
설치함으로써 이 말을 비꼬았다.

아우슈비츠 비르케나우 박물관 가상 여행

의 천사'라 불렸습니다. 나치는 독일의 순수 혈통이 더 많은 아이를 낳아야 한다고 생각했기 때문에, 멩겔레는 쌍둥이에 관심이 많았습니다. 그렇게 어린 유대인 쌍둥이를 대상으로 수많은 실험이 이루어졌습니다. 멩겔레의 보조는 이런 기록을 남겼습니다.

"해부실 옆에는 일하는 방이 있었는데 그날은 쌍둥이 14명이 심하게 울면서 대기하고 있었습니다. 멩겔레는 전혀 동요하지 않고 그들에게 주사를 놓았습니다. 그날 밤 14명 모두 죽었습니다."

아이들에게까지 잔혹한 생체 실험을 벌인 멩겔레는 전쟁이 끝나자마자 모습을 감추었습니다. 히틀러가 방공호에 숨어 스스로 삶을 끝내고, 나치 전범들이 재판을 받고 감옥에 갇힐 때 그는 남아메리카로 달아났습니다. 그러고는 죽을 때까지 숨어 살았다고 합니다. 자신이 저지른 악행을 누구보다 잘 알았기에 벌을 받는 것이 두려웠던 것이지요.

강제 노동 수용소와 절멸 수용소를 합친 곳이 바로 '아우슈비츠 비르케나우'입니다. 유럽 곳곳에서 잡혀 온 유대인들이 탄 기차가 마지막으로 서는 역이 바로 이곳이었죠. 폴란드에 세워진 최대 규모의 수용소이기도 했습니다.

기차에서 내린 사람들은 두 집단으로 나뉘었습니다. 일을 할 수 있는 자들과 아닌 자들이었습니다. 사람들은 하루라도 더 살기 위해 건강해 보이려고 애썼습니다. 나치는 농장에서 키우는 돼지에 하듯이 사람들의 팔에 번호를 새겼습니다. 그곳에서 유대인은 사람이 아닌 가축이었습니다.

수많은 유대인이 죽을 만큼 힘든 노동에 시달렸습니다. 노동에서 자유로워질 방법은 오직 죽음뿐이었습니다. 잔혹한 노동과 열악한 환경을 견디지 못한 사람들은 탈출을 시도하다가 붙잡혔습니다. 병들거나 다쳐서 일을 할 수 없게 된 유대인은 가스실로 보내졌습니다. 나치는 샤워실로 꾸민 공간에 사람들을 몰아넣고 치클론-B라는 독가스를 투입했습니다.

학살은 마치 공장에서 물건을 찍어 내는 것처럼 차례차례 진행되었습니다. 가스실로 들어가기 전에 사람들은 옷과 안경, 신발을 벗고 머리카락을 잘랐습니다. 희생자들의 머리카락은 카펫으로 만들어졌고, 안경알은 군수 공장으로 보내졌습니다. 시체를 태우고 남은 뼈를 비료로 썼다는 기록도 남아 있습니다.

제2차 세계대전이 막바지에 이르렀을 때, 독일은 패배를 짐작하고는 자신들이 저지른 짓을 감추기 위해 수용소를 파괴하고 불태웠습니다. 그런데 아우슈비츠 비르케나우는 소련군이 너무 일찍 오는 바람에 손쓸 틈이 없었다고 합니다. 덕분에 원래 모습 그대로 보존되어 증거가 될 수 있었습니다.

우생학의 희생자들

혐오와 차별의 끝은 대상을 아예 없애 버리는 말살입니다. 홀로코스트의 희생자는 유대인만이 아니었습니다. 나치 정권은 독일 사회에 해가 된다고 생각하는 집단을 표적으로 삼았습니다. 범죄자뿐 아니라 노숙자, 동성애자, 성매매 여성, 알코올 중독자, 장애인, 집시 등이 그 대상이었습니다.

장애인은 유전적으로 결함이 있고 의료 재정에 부담만 주는 등 국가에 도움이 안 되는 존재로 보고 학살했습니다.

전 세계를 떠돌아다니는 소수 민족인 집시들은 얼마나 희생되었는지조차 제대로 기록되지 못했습니다. 사망자가 약 80만 명이라 추측되지만 더 많을 수도 있습니다. 그들은 장소에 상관없이 무자비하게 학살당했고 하루에만 수천 명이 죽기도 했습니다. 오늘날 유럽의 집시 인구가 매우 적은 것은 이때 너무 많은 집시가 희생당했기 때문이라는 이야기가 있을 정도니까요.

성 소수자들에게도 나치는 잔혹했습니다. 나치는 유대인에게 노란색 별 배지를 달고 다니게 한 것처럼 동성애자에게는 분홍색 역삼각형 배지를 옷에 붙이게 했습니다. 동성애자라는 낙인을 찍어 사람들에게 손가락질을 받도록 했고, 결국 학살의 희생자로 삼았습니다. 이런 식의 학살은 당시 유행하던 **우생학❓**을 바탕으로 합니다. 히틀러는 게르만족이 가장 우월하고 다른 민족은 모두 열등하다고 생각했습니다. 그에게 유대인, 집시, 흑인, 장애인 등은 모두 이 세상에 잘못 태어난 존재였습니다.

우생학은 영국의 유전학자인 프랜시스 골턴이 1883년에 만든 학문이다. 우수한 유전자만 모아 더 훌륭한 인간을 만들어 낼 수 있다는 믿음에서 19세기 말, 과학자들의 지지를 받으며 인종 차별의 근거로 쓰였다.

나치는 표식의 모양과 색깔로 수용자를 구분했다.
유대인은 jude^{독일어로 jew}라는 글자와 함께 노란색 별을
바느질한 겉옷을 항상 입고 다녀야 했다.

쉰들러의 사람들

이스라엘의 예루살렘에는 야드바셈 홀로코스트 박물관이 있습니다. 이곳에서는 1963년부터 유대인을 도와주었던 사람들을 찾아내어 '의로운 이방인'으로 기리고 있습니다. 이들 대부분은 폴란드 사람이고 아니면 네덜란드나 프랑스 사람인데, 간혹 독일 사람도 있다고 합니다.

그중 우리에게 가장 유명한 사람이 바로 오스카 쉰들러입니다. 사업가였던 그가 인수한 공장은 원래 유대인의 것이었습니다. 당시 나치는 유대인의 가게나 공장을 헐값에 사들였습니다. 팔지 않으면 못살게 굴었으니까 유대인으로서는 팔 수밖에 없었죠. 그렇게 빼앗은 가게와 공장은 독일 사람의 몫으로 돌아갔습니다. 쉰들러도 그 가운데 한 명이었습니다.

쉰들러의 공장은 폴란드 크라쿠프의 게토 가까이에 자리해 있었습니다. 처음에는 그저 돈벌이가 된다는 이유로 공장을 인수했지만 그곳에서 생활하는 유대인의 모습에 쉰들러는 큰 충격을 받았습니다. 그때부터 쉰들러는 자신의 공장에 나치의 출입을 막고, 게토의 유대인들을 고용했습니다. 그뿐만이 아닙니다. 노인과 아이는 일할 수 있는 나이로, 변호사와 예술가는 전문 기술자로 속여 그들의 목숨을 구했습니다.

쉰들러는 가스실 앞까지 끌려간 유대인들을 구하는 데에도 최선을 다했습니다. 그 일이 마냥 쉬웠던 것만은 아닙니다. 수많은 돈을 뇌물로 써야 했고 위험에 처하기도 했습니다. 전쟁이 끝난 뒤, 그에게는 한 푼도 남아 있지 않았다고 합니다. 이렇게 쉰들러 덕분에 목숨을 구한 유대인들을 '쉰들러의 사람들'이라고 합니다. 오늘날 쉰들러의 사람들과 그들의 후

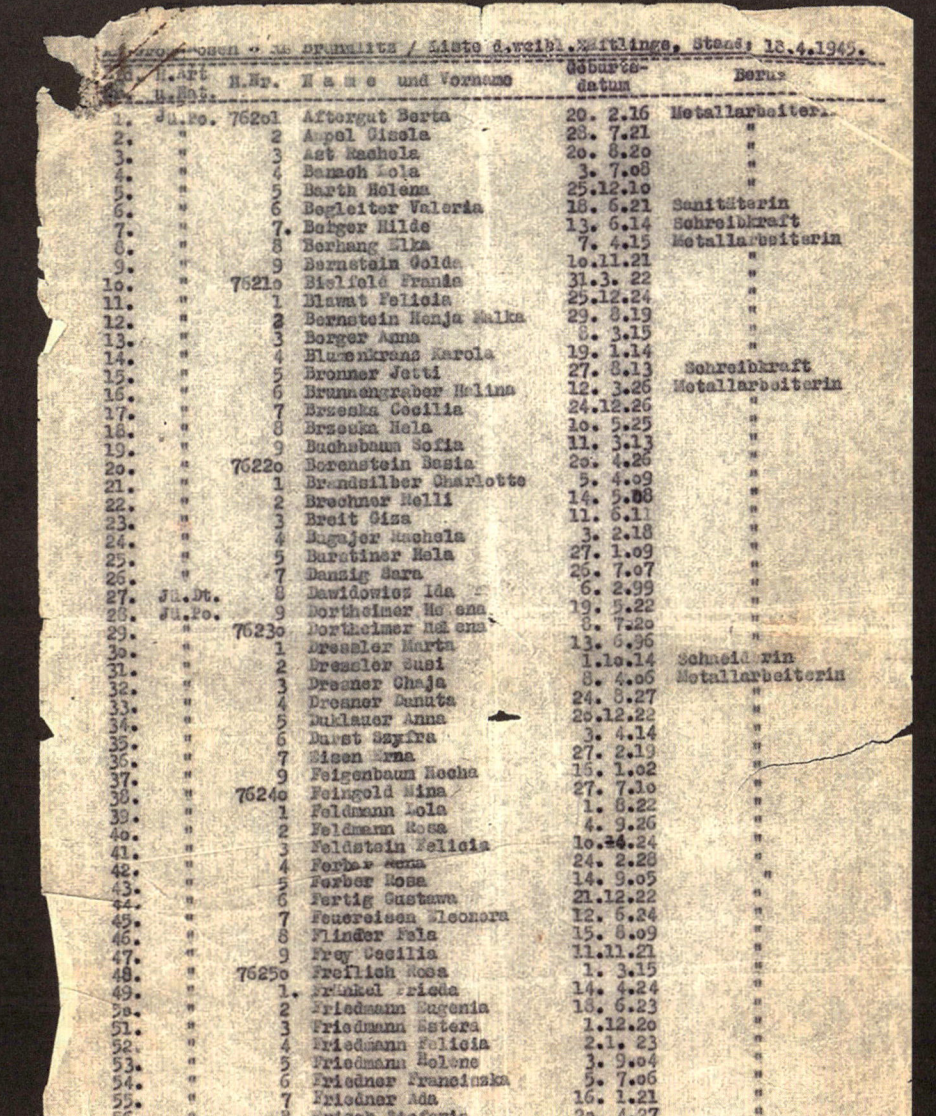

쉰들러 리스트의 일부.
유대인이 아우슈비츠로 보내지던 무렵, 쉰들러는
공장에서 일할 노동자가 필요하다며 독일군에게
뇌물을 주고 유대인들을 빼돌렸다. 이때 독일군에게
제시한 유대인 명단을 '쉰들러 리스트'라고 부른다.

손은 6,000명에 달합니다.

당시에 독일인이라고 해서 모든 사람이 악랄하지는 않았습니다. 어떤 이들은 유대인 노동자들을 위해 게토 안으로 몰래 먹을 것을 넣어 주었고, 어떤 이들은 나치에 쫓기는 유대인들을 숨겨 주었습니다. 쉰들러처럼 공장에 유대인을 고용하거나 탈출을 돕기도 했습니다. 전쟁의 소용돌이 속에서도 빛을 잃지 않았던 사람들은 오늘날 야드바셈 홀로코스트 박물관에 기록되어 오래오래 기억되고 있습니다.

〈세계 인권 선언문〉의 탄생

제2차 세계대전이 끝나며 강제 노동 수용소와 절멸 수용소의 진실이 전 세계에 알려졌습니다. 철저한 준비와 계획 아래 한 민족을 학살했다는 사실은 모든 사람에게 엄청난 충격을 주었습니다. 이후에 유대인 집단 학살은 '홀로코스트'라는 이름으로 제2차 세계대전의 잔혹함을 가리키게 되었습니다. 홀로코스트는 인간이 과연 선한지, 인간이 만들어 낸 시스템을 얼마나 믿을 수 있는지에 대해 의구심을 가지게 만든 사건이었습니다.

전 세계의 지도자들은 유엔^{UN}으로 모였습니다. 그들은 이 끔찍한 학살이 다시 일어나선 안 된다고 생각했습니다. 그래서 〈세계 인권 선언문〉을 만들었습니다. 르네 카생은 〈세계 인권 선언문〉의 초안을 만드는 데 참여한 프랑스의 법률가이자 유대인입니다. 친척 29명을 나치의 강제 수용소에서 잃은 그는 인권이 짓밟히면 어떤 일들이 일어나게 되는지 초안에

유엔 인권위원회의 제1대 의장이었던
엘리너 루스벨트가 〈세계 인권 선언문〉을
펼쳐 보이고 있다. 그는 여성, 흑인 등 소수자의
인권을 위해 애쓴 사회운동가이자 32대 미국 대통령
프랭클린 루스벨트의 아내이기도 했다.

ⓒFlickr; FDR Presidential Library & Museum

세계 인권 선언문 소개 영상

적었습니다. 그리고 모든 사람이 마음껏 말하고 종교를 가지며 공포와 결핍으로부터 자유로울 수 있도록 함께 목소리를 내야 한다고 했습니다.

훗날 〈세계 인권 선언문〉에서 이 내용은 조금 바뀌었습니다. 〈세계 인권 선언문〉을 만들게 된 계기는 홀로코스트였지만, 그 교훈은 특정 국가와 민족만이 아닌, 인종과 종교에 상관없이 인류 전체가 꼭 지켜야 할 원칙으로 만들고 싶었던 것이죠. 〈세계 인권 선언문〉은 다음과 같이 시작합니다.

모든 사람은 태어날 때부터 자유로우며 동등한 존엄과 권리를 가진다. 모든 사람은 이성과 양심을 타고나며 인류애의 정신으로 서로를 대해야 한다.

유대인이든 흑인이든 동성애자든 장애인이든 간에 인간이라면 차별과 혐오로부터 자유로워야 합니다. 사람은 누구나 그 자체로 존엄합니다. 만약 독일인이 존중받을 권리를 가지고 있다면 유대인도 당연히 그 권리를 가질 수 있어야 합니다. 어떤 민족이나 인종이든 사람이기에 한 번 더 생각하고 행동하며 양심을 거스르는 일은 하지 말아야 합니다. 인류애란 바로 그런 것이기 때문이죠.

결코 일어나지 말아야 할 일이 일어났던 홀로코스트, 그 어두운 역사에서 생겨난 〈세계 인권 선언문〉을 기억할 때 우리는 같은 잘못을 반복하지 않을 수 있습니다.

되풀이되는 슬픈 역사

두 번의 세계대전을 거치며 세계 곳곳에 흩어진 유대인들은 조상의 땅이었던 팔레스타인에 그들만의 나라를 세우고자 했습니다. 유대인들은 서구 사회의 반성과 지지에 힘입어 팔레스타인 땅을 사들이기 시작했고, 전 세계 유대인들이 이곳으로 모여들었습니다. 그렇게 유대인들이 조금씩 팔레스타인에 정착하면서 1948년에 이스라엘이라는 나라가 만들어졌습니다.

팔레스타인이 자리한 중동 지역에는 이슬람교를 믿는 사람이 대부분입니다. 이런 곳에 유대교를 믿는 유대인이 들어오자 충돌이 일어났습니다. 여러 전쟁을 치르며 이스라엘은 점점 더 영토를 넓혀 갔습니다. 그리고 팔레스타인 사람들을 그들의 땅에서 쫓아내기 시작했습니다. 자신들이 살던 땅을 이스라엘에 빼앗긴 팔레스타인 사람들은 가자 지구로 모여들었습니다.

지중해와 이스라엘로 둘러싸인 가자 지구는 섬이나 마찬가지입니다. 이스라엘의 유대인들은 그들이 나치에게 게토로 내몰렸던 것처럼 팔레스타인 사람들을 가자 지구에 가두어 버렸습니다. 이스라엘과 가자 지구 사이에는 철조망과 담이 세워졌고, 팔레스타인 사람들은 자유롭게 밖을 나다닐 수 없습니다.

가자 지구를 통치하는 팔레스타인의 무장단체 하마스가 이스라엘을 공격하자 이스라엘은 2023년 10월, 가자 지구에 보복 공격을 시작했습니다. 하지만 이스라엘의 무차별 공습에 희생되는 사람은 총을 든 군인도, 권력에 눈이 먼 정치인도 아닌 평범한 시민들입니다. 자신들이 믿는 신을

2023년 10월, 하마스의 공격에 대한 보복으로
이스라엘은 무차별 공습을 시작했다. 이 일로
가자 지구에 있던 민간인 거주지는
대부분 무너져 내렸다.

섬기며, 오늘 하루도 그저 평화롭게 살아가기를 기도하는 사람들이지요.

가자 지구에서 불과 70킬로미터 떨어진 곳에 베들레헴이 있습니다. 베들레헴은 예수님이 태어났다고 알려진 곳입니다. 모든 이들에게 사랑과 평화를 이야기한 예수님이 탄생한 베들레헴 가까이에서 하루가 멀다 하고 끔찍한 죽음이 벌어지고 있다니 슬픈 일입니다.

〈세계 인권 선언문〉은 말 그대로 전 세계에 선언한 것입니다. 인류가 힘을 모아 이 세상을 바꿔 나가야 한다고 말입니다. 나치에게 잡혀간 유대인들이 겪었던 끔찍한 비극이 가자 지구의 사람들에게도 되풀이되어서는 안 됩니다.

〈세계 인권 선언문〉은 모든 인간이 태어날 때부터 이성과 양심을 가지고 있다고 이야기합니다. 이 이성과 양심을 바탕으로 우리는 무엇을 해야 할까요?

3장

한국, 제주 4·3

국가가 국민을 저버리면

#미군정   #계엄령   #국가_폭력

제 이름은 만석, 제주 토박이입니다

만석이네 집에는 큰 고민거리가 하나 있었습니다. 외삼촌이 산에 올라간 뒤로 소식이 없었기 때문입니다. 무장대 활동을 하는 친구를 따라간 것 같다고 말하는 어머니의 표정은 어두웠습니다.

가을걷이가 끝날 때까지 중산간에 있는 만석이네 마을은 조용했습니다. 그러던 어느 날, 명령이 떨어졌습니다. 마을 이장인 덕배 아저씨는 집집마다 짐을 싸서 해안가로 내려가야 한다고 했습니다.

다음 날, 군인과 경찰로 이루어진 토벌대가 외할머니가 사는 마을로 들이닥쳤습니다. 토벌대는 외할머니네 가족을 마당에 늘어세웠습니다.

"이 집 아들 어디 갔어?"

외할머니가 입을 열기도 전에 총알이 날아들었습니다. 외숙모는 태어

나서 처음 듣는 총소리에 놀라 아이를 안고 몸을 웅크렸습니다. 이윽고 토벌대의 총알이 빗발쳤습니다.

아버지가 외할머니 댁에 찾아갔을 때는 외숙모 품에 안겨 있던 외사촌 빼고 모두 죽은 뒤였습니다. 언제 또 토벌대가 들이닥칠지 몰라 아버지는 시신을 대충 수습하고는 외사촌을 안고 돌아왔습니다. 소식을 들은 어머니는 소리 내어 울지도 못한 채 밤새 끅끅거리며 눈물을 삼켰습니다.

아침이 되자 아버지는 마을 사람들과 만나 긴 이야기를 나누었습니다. 그날 저녁, 만석이네는 짐을 꾸렸습니다. 아버지는 며칠이면 된다고 했습니다. 그들은 삶은 감자, 보리쌀, 땔감을 사람들과 조금씩 나눠 지고 산으로 향했습니다. 마을 뒷산으로 조금 올라가니, 사람이 겨우 들어갈 만한 동굴 입구가 보였습니다. 한 사람씩 동굴로 들어갔습니다. 동굴 안은 생각보다 넓고 따뜻했습니다.

　가지고 온 음식이 다 떨어질 때쯤 사람들은 시름에 잠겼습니다. 가끔 굴 밖에 다녀오는 칠복이네 아버지가 들려주는 소식이 온통 불길했기 때문입니다.

　"우리 촌에도 토벌대가 쳐들어왕 보이는 족족 사람덜 잡아가고, 죽여 부렁주게. 촌은 불타불고 이제 남은 거 하나도 업수다."

　"아방, 군인이랑 경찰 아저씨들은 우리 지켜주는 분들 아니우꽈? 아무 잘못도 없는 사람덜 무사 죽염수꽈?"

　아버지는 말없이 허공만 바라보았습니다. 그날 밤, 눈이 쏟아지는 날씨에도 만석이는 아버지와 함께 먹을 것을 구하기 위해 동굴을 나와 마을로 향했습니다. 그때였습니다. 타다다다당 하는 총소리가 들렸습니다. 만석이는 아버지와 커다란 당산나무 뒤로 몸을 숨겼습니다. 깜깜했지만 가끔씩 터지는 불꽃 속에서 토벌대의 모습이 보였습니다. 추위보다 더한 공포에 만석이는 밤새 몸을 떨어야 했습니다.

꼬박 하루가 지나고 먹을거리를 찾아 동굴로 돌아갔을 때, 커다란 돌이 그들을 막아섰습니다. 지난밤 들렸던 총소리는 동굴 안을 향했던 것입니다. 총을 쏴도 사람들이 나오지 않자 토벌대는 불을 피워 넣고 동굴 입구를 돌로 막아 버렸습니다. 어머니도, 동생도, 마을 사람들도 연기에 숨이 막혀 죽어 갔을 테지요.

50년이라는 세월이 훨씬 지나고 나서야 만석이는 그곳에 다시 갈 수 있었습니다. 죽은 가족의 이야기를 입 밖에 꺼낼 수 있기까지는 오랜 시간이 걸렸습니다. 만석이의 뺨을 타고 굵은 눈물이 흘러내렸습니다.

대한 독립 만세!

1945년, 우리나라는 일제의 지배에서 벗어나 비로소 광복을 맞이했습니다. 그러나 그 기쁨은 잠시였습니다. 미국과 소련이 한반도 중앙에 삼팔선을 그은 것입니다. 이후에는 삼팔선을 경계로 미국은 남한에, 소련은 북한에 군대를 보내 머무르게 했습니다. 제주도에도 미군이 들어왔습니다. 1948년 8월 15일에 대한민국 정부가 세워질 때까지 약 3년 동안 이어진 미군정의 시작이었습니다. 미군정이란 남한을 통치했던 미국의 군사 정부를 말합니다.

냉전 시기에 미국은 공산주의, 소련이라면 치를 떨었습니다. 하지만 제주도에서는 이미 공산주의 사상을 중심으로 한 **좌익**❷ 세력이 사람들의 지지를 얻고 있었습니다. 미군정은 이런 제주도의 분위기가 썩 달갑지 않았습니다. 미군정이 일제의 앞잡이 노릇을 하던 친일파를 다시 불러들여 경찰 자리를 주고, 무역을 통제하며 식량을 거둬들이자 제주 시민들의 불만은 커져 갔습니다.

> 좌익이란 18세기 프랑스 혁명 때 공화정을 지지하는 공화파는 왼쪽(좌)에, 왕정을 지지하는 왕당파는 오른쪽(우)에 나뉘 앉아 회의하던 것에서 유래했다. 냉전 시기에 한반도에서 좌익은 공산주의자를 일컫는 말로 쓰였다.

그런 와중에 1947년에 3·1절 기념 대회가 제주도에서 열리게 됩니다. 좌익 세력을 중심으로 행사가 준비되는 상황에 미군정은 집회를 절대 허

락하지 않겠다며 으름장을 놓았습니다. 그러나 3·1절 기념 대회는 3만여 명을 끌어 모았습니다. 당시 제주도에 사는 열 명 가운데 한 명은 참석을 한 셈이었죠.

그런데 행사가 마무리될 즈음, 한 아이가 경찰이 탄 말의 발굽에 치이는 사건이 벌어집니다. 분노한 시민들은 그 경찰에게 몰려들기 시작했습니다. 이를 본 다른 경찰들은 사람들을 향해 총을 쏘았습니다. 젖먹이를 안은 엄마, 중학생 소녀, 노인 등 죄 없는 사람 여섯이 이 일로 목숨을 잃었습니다. 제주 시민들은 사과하지 않는 경찰에 다시 한번 분노했습니다. 결국 이는 총파업으로 이어졌습니다. 관공서는 물론이고 은행, 회사, 학교까지 모두 문을 닫아걸었습니다. 미군정에서 일하던 통역원과 경찰관까지 파업에 함께했으니 그야말로 엄청난 규모였습니다.

수도인 서울과 멀리 떨어진 제주도는 다른 곳보다 하나로 뭉치는 힘이 강했습니다. 드나드는 것이 쉽지 않은 섬이다 보니 오랫동안 이웃으로 지낸 사이는 매우 끈끈할 수밖에 없었습니다. 그 예로 제주도에는 '궨당'이라고 부르는 그들만의 문화가 있습니다. 제주도 사투리로 친척을 뜻하는 궨당은 알고 보면 모두가 친척이라 생각하는 문화를 말합니다. 만약 마을에서 어떤 이가 억울한 일을 당하면 다 같이 분노하고 저항합니다. 다시 말해 제주 사람들이 모두 좌익이었던 것이 아니라, 좌익이 무엇인지 모르는 사람조차 다른 사람을 위해 싸웠던 것입니다.

혼돈의 섬, 제주도

당시는 미국과 소련이 크게 대립하던 시기였습니다. 미국 입장에서는 한반도에 공산주의 국가가 들어서는 것을 어떻게든 막고 싶었죠. 그래서 일제 강점기에 임시정부 대표로서 주로 미국에서 활동했던 이승만과 손을 잡았습니다. 방향은 달라도 좌익 세력을 물리쳐야 한다는 것만큼은 뜻을 같이했기 때문입니다.

제주 시민들의 대규모 파업에도 미군정과 이승만은 이 모든 문제의 원인이 좌익 세력에 있다고 몰아갔습니다. 제주도에 있는 좌익 세력의 뿌리를 뽑는다며 사람들을 잡아가고 고문했지요. 시민들은 공포에 시달려야 했습니다. 그러던 와중에 제주4·3이 벌어집니다. 제주4·3은 1948년 4월 3일부터 1954년 9월 21일까지 제주도에서 일어난 무력 충돌과 군인·경찰로 이루어진 토벌대의 진압 과정에서 수많은 사람이 희생당한 사건을 말합니다.

1948년 4월 3일 새벽 2시, 한라산 중허리의 오름마다 붉은 봉화가 타올랐습니다. 봉화를 신호로 좌익 세력이 만든 무장대는 경찰서를 공격하고 제주 시민들에게 지지를 호소했습니다.

당시는 남한의 단독 선거인 5·10 선거를 한 달 정도 앞둔 때였습니다. 이승만과 미군정은 이 선거를 통해 남한만의 단독 정부를 세우길 원했지만 제주 시민들의 생각은 달랐습니다. 이대로라면 나라가 남한과 북한으로 영영 쪼개질지 모른다는 걱정 때문이었습니다. 사람들은 마을에 남아 있으면 경찰의 강압에 못 이겨 투표를 하러 가야 했기에 산으로 올라갔습니다. 결국 제주도는 선거구 두 곳의 투표율이 절반을 넘지 못하여 무효가 되고 전국에서 5·10 선거를 거부한 유일한 지역으로 역사에 남게 됩니다.

5·10 선거 결과에 미군정과 이승만은 대놓고 제주 사람들을 힘으로 찍어 누르기 시작했습니다. 선거를 거부했다는 이유로 수많은 사람이 체포되었고, 경찰과 군인이 육지에서 제주도로 물밀듯 들어왔습니다. 제주도는 언제 어떤 일이 일어나도 이상하지 않은 '혼돈의 섬'이 되어 버렸습니다.

내려오지 않는 자는 죽는다!

4월 3일 이후, 미군정은 제주도와 다른 지역과의 교통을 끊고 해안을 봉쇄했습니다. 그리고 서울에서 국립경찰전문학교 간부후보생 100명을 제주도로 내려보냈습니다. 그들은 제주도를 소련이나 북한의 사주를 받은 '빨갱이'들의 섬으로 몰아갔습니다.

그사이 대통령에 취임한 이승만은 11월 17일에 제주도에 비상사태를 선포하고 군대의 통제를 받을 것을 명령합니다. 법률에 따르지 않은 그릇된 계엄령이었습니다. 정부는 또한 제주도에서 벌어지는 일들이 밖으로 새어 나가지 않도록 언론의 입을 막았습니다. 완전히 고립된 제주도는 거대한 감옥이나 다름없었습니다. 사람이 나갈 수도 들어올 수도 없었으며, 섬 안에서 이루어지는 잦은 검열과 검문으로 제주 사람들은 자유롭지 못했습니다.

투표를 피하기 위해 산으로 간 사람들.
억새풀과 소나무 가지로 임시 거처를 만들었다.

그러나 그들의 횡포는 사람들을 섬에 가두고 통제한 것에 그치지 않았습니다. 무장대를 잡는다는 토벌 작전이 제주 사람들을 향한 것입니다. 토벌대는 **중산간 마을**에 있는 사람들을 모두 해안가로 내려오게 했습니다. 산에 있는 무장대와 연락을 주고받는다고 생각했기 때문입니다. 마을에 남아 있는 사람들은 무장대와 한편이라고 보고 잡아가거나 그 자리에서 처형했습니다. 해안가로 내려오라는 소식을 전해 듣지 못한 마을도 있었지만, 토벌대는 이유를 따지지 않고 마을을 불태웠고 사람들에게 총을 겨누었습니다.

> 제주도는 사람 사는 곳이 크게 해안가 마을과 한라산 중턱의 중산간 마을로 나뉜다. 농사지을 땅이 부족한 제주도에서 해안가 사람들은 주로 물고기와 전복 등을 잡고, 중산간 사람들은 돼지, 말 등을 길러 먹고살았다.

토벌대는 처음에 젊은 남자부터 잡아갔습니다. 아들을 둔 어머니와 남편이 있는 여성은 그들을 숨기기에 바빴습니다. 낮에는 토벌대가, 밤에는 산에서 내려온 무장대가 그들을 잡아갔으니까요. 숨조차 겨우 내쉬어야 했던 나날이었습니다.

명령에 따랐다고 해서 무조건 살 수 있는 것은 아니었습니다. 해안가로 내려가는 길에도 조금만 의심스러워 보이면 총알이 날아왔습니다. 사람들은 다시 중산간 마을에 머물렀습니다. 그중에는 해안가에 먼저 살고 있던 사람들의 텃세에 밀려 돌아간 이들도 있었고, 먹고살기 위해 기르던 가축을 두고 갈 수 없어 남은 이들도 있었습니다. 이들은 낮에는 숨어 지내다가 밤이면 조용히 움직였지만 이마저도 오래가지 못했습니다.

토벌대의 진압은 더욱 잔인해졌습니다. 중산간 마을에 있던 사람들을 모두 폭도로 몰아 학살했고 오랫동안 일궈 온 삶의 터전에 불을 질렀습니다. 겁에 질린 사람들은 뿔뿔이 흩어져 산속으로 숨어들었습니다.

가족과 마을을 잃고

무등이왓 마을은 동광리에 있던 마을 가운데 가장 큰 곳이었습니다. 무려 130여 가구가 모여 살았죠. 오늘날 무등이왓 마을은 학살이 처음 이루어진 터만 덩그러니 남아 있습니다. 이곳에서는 도대체 무슨 일이 벌어졌던 것일까요?

무등이왓 마을의 비극은 토벌대가 들이닥치면서 시작되었습니다. 토벌대는 집집마다 젊은 사람의 이름을 부르며 마을의 크고 작은 일을 정하기 위해 공고를 붙이던 자리로 모이라고 소리쳤습니다. 그리고 10여 명쯤 모였을 때 구타가 시작되었습니다. 팔다리가 부러질 정도로 때려 대자 몇몇 사람은 대나무밭으로 도망쳤지만 나머지는 그 자리에서 총에 맞았습니다. 눈앞에서 가족의 죽음을 보고도 아무것도 할 수 없었습니다. 나섰다간 자신도 총알받이가 되었을 테니까요.

사람들은 숲에 숨어 있다가 밤이 되자 죽은 이들을 수습하러 마을로 몰래 들어갔습니다. 그때였습니다. 몸을 감추고 있던 토벌대의 총알이 날아들었습니다. 그날 그곳에서 수십 명이 목숨을 잃었습니다. 그들은 그저 가족을 찾으러 왔을 뿐입니다. 그중에는 노인과 아이도 섞여 있었습니다.

북촌 마을도 피해가 컸습니다. 제주4·3을 겪은 뒤 남자들이 다 죽어 없다는 의미로 '무남촌'이라 부를 정도였습니다. 1949년 1월 17일, 마을 어귀의 고갯길에서 무장대의 공격을 받고 군인 2명이 숨지는 일이 벌어졌습니다. 마을 사람들은 군인들의 시신을 들것에 싣고 군 본부로 찾아갔습니다. 그런데 그것이 문제가 되었습니다. 북촌 마을 사람들 모두 무장대로 몰린 것입니다.

한 마을에서만 300여 명이 목숨을 잃은 학살은 그렇게 시작되었습니다. 제주4·3 때 일어난 마을 학살 중에서 가장 많은 희생자가 나왔죠. 군인들은 북촌 마을을 돌아다니며 집에 불을 지르고 사람들을 학교 운동장으로 모이게 했습니다. 군인이나 경찰의 가족을 골라낸 그들은 나머지 사람들을 향해 총부리를 겨눴습니다. 엄마는 아이를 안은 채 총을 맞았고, 학생은 신발이 벗겨진 채 도망가다가 등에 총을 맞았습니다.

해가 지고 군인들이 물러가자 사람들은 가족을 찾기 위해 정신없이 돌아다녔습니다. 추운 겨울날, 마을이 모두 불타 버려 돌아갈 곳이 없어진 사람들은 거리로 나앉게 되었습니다. 수많은 사람의 삶이 그렇게 하루아침에 무너졌습니다.

"학교에 도착하니 기관총을 걸어 놓았더라고요. 사람들한테 엎드리라고 했는데 어머니는 나를 품에 안고 엎드렸어요. 사람들이 다 엎드려 있는데 등 뒤에 서 있던 군인들이 사람들을 향해 기관총을 난사했습니다. 어머니는 아들이라고는 나 하나밖에 없어서 나라도 살려야

한다고 나를 안고 죽었어요. 세 살짜리 여동생은 놔두고 저를 안고 어머니가 죽었죠." _생존자 윤태삼

살아남기 위한 동굴 생활

제주도는 아주 오래전에 화산이 폭발하며 만들어진 섬입니다. 폭발한 화산을 타고 흘러내린 용암은 땅 안으로 파고들었습니다. 그 길이 식어서 만들어진 것이 용암 동굴입니다. 제주도에는 지금도 수많은 용암 동굴이 남아 있습니다. 사람들은 그곳에 감자나 곡식을 쌓아 두곤 합니다. 눈이 쌓이는 겨울에는 춥지 않고, 여름에는 서늘하니까요.

제주4·3이 일어났을 때에도 사람들은 이 용암 동굴을 이용했습니다. 먹을거리를 챙겨 굴속으로 숨어들었죠. 잘못이 있든 없든 목숨을 뺏는 것을 눈앞에서 지켜본 사람들은 육지에서 온 경찰과 군인이 두려웠습니다. 새벽같이 일어나 밭을 갈고 밥을 먹고 다시 밭으로 나가는 일상조차 폭동이라 덮어씌우니 살려면 숨어 지내는 수밖에 없었습니다.

무등이왓 마을 사람을 비롯해 살아남은 이들은 큰넓궤 동굴로 들어갔습니다. 50일 넘게 숨어 살았으나 인질로 잡힌 마을 사람이 고문에 못 이겨 위치를 말하고 말았습니다. 사람들은 다시 굴을 나와 무릎까지 차오른 눈길을 걷고 또 걸었습니다. 그러나 눈밭에 난 발자국을 보고 뒤따라온 토벌대에게 잡혀 죽임을 당했습니다. 밑으로 내려오면 살려 준다는 말에 산을 내려갔다가 죽은 이들도 있습니다.

다랑쉬 동굴 역시 사람들이 살기 위해 모여든 곳이었습니다. 사람이 숨어 있는 것을 알아챈 토벌대는 다랑쉬 동굴 안으로 총을 쏘아 댔습니다. 두려웠던 사람들은 더 깊은 굴속으로 들어갔겠지요. 그러자 토벌대는 동굴 안으로 불을 지핀 뒤, 연기로 점점 가득해지는 동굴의 입구를 돌로 막아 버렸습니다. 나중에 그곳을 발견했을 때 동굴 안의 사람들은 땅속에 코를 묻거나 손으로 땅을 파다가 죽은 모습이었다고 합니다.

돌아오지 못한 사람들

회복할 새도 없이 1950년에 6·25 전쟁이 일어나면서 제주도는 또다시 학살의 소용돌이에 휘말리게 됩니다. 이승만 정권은 전쟁이 터지자마자 국민보도연맹 가입자이거나 진압 과정에서 산으로 올라갔던 사람들의 가족을 중심으로 **예비 검속**❷을 시작했습니다. 국민보도연맹은 좌익 세력에 물든 사람들을 깨우쳐 지도한다는 목적으로 만들어진 단체였습니다. 그러나 사실은 쌀과 보리를 받을 수 있다는 말을 듣고 가입한 사람이 대부분이었습니다.

예비 검속이란 범죄를 저지를 우려가 있는 사람을 미리 잡아 가두는 것을 말한다. 일제 강점기에 독립운동가들을 체포하기 위해 마련한 법을 이승만 정권은 좌익 세력을 찾아 없애는 데 사용했다.

다랑쉬 동굴 입구.
토벌대는 사람들이 동굴 밖으로 나오지 않자
수류탄을 던지고 불을 붙인 수풀을 집어넣었다.
이곳에서 죽은 열한 명 중에는 아홉 살짜리도 있다.

이승만 정권은 좌익 세력이 북한과 손잡고 남한을 위험에 빠트릴 거라며 이들을 미리 찾아내서 없애야 한다고 생각했습니다. 그래서 경찰과 군인을 시켜 예비 검속이라는 이름으로 사람들을 붙잡아 간 것이죠. 농사 짓고 고기를 잡던 이들도 지목을 당하면 잡혀갔습니다. 전국에서 일어난 일이지만 제주도는 그 정도가 더욱 심했습니다. 경찰 공문과 미국 측 문서에 따르면 1950년 8월 17일, 다시 말해 전쟁이 일어난 지 두 달도 채 되지 않은 때에 예비 검속으로 잡힌 사람만 1,120명이었다고 합니다. 이들은 비밀리에 서귀포, 제주항 앞바다, 제주읍 비행장, 섯알오름 등으로 끌려가 떼죽음을 당했습니다.

수없이 많은 사람이 재판 없이 처형당했습니다. 재판을 받았지만 억울하게 형이 내려진 사람도 수천 명에 이릅니다. 이유도 모른 채 잡혀가서 모진 고문 끝에 자백을 하면 그다음은 옥살이였습니다. 이들 대부분은 끝내 고향으로 돌아오지 못했습니다.

악마의 또 다른 모습, 서북청년단

경찰과 군인은 국민을 보호해야 할 의무가 있습니다. 그러나 제주4·3이 일어났을 때 그들은 국민을 보호하기는커녕 목숨을 앗아 갔습니다. 그들의 말처럼 '빨갱이'니까 그래도 괜찮을까요? 생각이 다르다는 이유로 사람을 잡아들이고 때리고 죽여도 될까요?

거대한 공권력 앞에 수많은 생명이 힘없이 스러져야 했습니다. 그

섯알오름 학살터.
원래 일본군의 탄약고였으나
미군의 폭파로 커다란 구덩이가 만들어졌다.
끌려온 사람들은 구덩이 가까이에서 총에 맞고
돌무더기와 함께 묻혔다. 당시 정부는
이 일을 철저히 비밀에 부쳤다.
ⓒ한국향토문화전자대전; 한국학중앙연구원

런데 국가는 경찰과 군인을 동원한 것도 모자라 '서북청년단'이라는 단체를 이 일에 끌어들였습니다. 서북청년단은 북한에서 내려온 청년들이 1946년에 만든 단체입니다. 당시 북한에서는 공산당의 주도로 자본주의와 개신교를 믿는 사람을 탄압했습니다. 하루아침에 재산을 빼앗기고 가족을 잃는 경우가 많다 보니 이들은 공산주의에 대한 반감과 증오가 가득했습니다. 게다가 북쪽에서 내려온 만큼 빨갱이로 의심받는 것에 대한 두려움이 컸기에 더욱더 공산주의 반대를 부르짖었습니다. 이런 서북청년단을 눈여겨본 이승만 정권은 그들을 제주도로 내려보냈습니다.

서북청년단은 자신들이 반공주의자임을 증명이라도 하듯이 학살에 앞장섰습니다. 죄 없는 사람들을 빨갱이라고 몰아세우며 자신들이 죽인 사람의 수를 늘려 갔습니다. 그들은 죽은 이들의 재산을 가로챘고 여자들을 납치했으며 집을 불태웠습니다.

서북청년단은 젊은 남자들을 가장 먼저 잡아가 고문하고 죽였습니다. 그래서 남자들은 살기 위해 숨거나 도망가는 일이 많았습니다. 이런 경우에 서북청년단은 남아 있는 가족을 대신 죽였습니다. 젖먹이든 노인이든 상대를 가리지 않았습니다. 서북청년단이었던 한 경찰은 하루라도 사람을 죽이지 않으면 밥맛이 없다며 칼을 들고 이미 죽은 사람의 몸을 마구 찔러 욕보이기도 했습니다. 그들이 보인 잔혹함은 글에 담기 어려울 정도입니다. 이들이 머물렀던 제주도는 법이나 인권이 존재하지 않는 죽음의 땅이었습니다.

1948년 소련이 한반도에서 물러날 것을
주장하는 현수막을 들고 시위하는 서북청년단.
그들이 벌인 짓은 제주 사람들의 뼛속 깊이 새겨져
여전히 아물지 않고 있다.

기억해선 안 되었던 역사

끝날 것 같지 않던 학살은 군인과 경찰, 서북청년단이 하나둘 제주도를 떠나며 잠잠해졌습니다. 사람들은 가족의 시신을 찾으려 애썼습니다. 예비검속으로 잡혀가 섯알오름에서 죽은 이들의 시신은 6년이 지난 뒤에야 가족 곁으로 돌아올 수 있었습니다. 그런데 시신들이 서로 얽히고설킨 채 나뭇잎, 옷가지 등과 함께 썩어 버려 누가 누구인지조차 알아보기 어려웠습니다. 결국 사람들은 시신을 한데 모아 장례를 치르고 땅에 묻어야 했습니다. 그리고 희생자들의 이름을 새긴 비석을 세웠습니다. 비석의 이름은 백조일손지묘百祖一孫之墓라 했습니다. 100명이 넘는 조상이 같은 날, 같은 곳에서 죽어 하나가 되었으니 그 후손들은 이제 한 자손이라는 뜻입니다.

그때만 해도 제주 사람들은 이승만 정권이 물러나면 괜찮아지리라 생각했습니다. 하지만 세월은 제주도를 가만히 두지 않았습니다. 남북으로 나뉜 분단 상황에서 북한은 언제나 위험 요소로 여겨졌습니다. 그러니 좌익 세력을 잡는다며 제주도에서 벌인 학살은 남한의 권력자들에게 들춰내기 불편한 사건이었습니다. 1961년 5·16 군사정변으로 권력을 잡게 된 박정희도 마찬가지였습니다. 그들은 사람들이 힘겹게 세워 놓은 백조일손지묘를 부숴 버렸습니다.

제주 사람들은 그때부터 더욱 숨죽이며 살아갔습니다. 정권이 바뀔 때마다 언제 또 피바람이 불어닥칠지 몰라 불안에 떨었고, 희생당한 가족의 제사를 몰래 지내야 했습니다. 그들을 괴롭힌 것은 빨갱이, 폭도의 가족이라는 꼬리표와 손가락질, 파괴된 비석처럼 끔찍한 폭력이 몸과 마음

1961년에 부서진 백조일손지묘의 조각들.
제주예비검속 백조일손역사관에 전시되어 있다.
오늘날 섯알오름에 있는 백조일손지묘는 1993년에
다시 만든 것이다.

에 남긴 멍울이었습니다.

제주4·3은 제주도에 사는 사람이라면 단 한 명도 피해 갈 수 없었던 가족의 이야기입니다. 동시에 그 누구도 피해자임을 입 밖에 낼 수 없었고 기억해선 안 되었던 역사입니다. 수십 년 동안 묻혀 있던 진실은 2000년에 4·3특별법이 만들어지며 조금씩 드러나기 시작했습니다. 그러나 70여 년이 흐른 지금도 제주4·3을 모르는 이가 많습니다. 만일 제주도에 가게 된다면 봉개동 언덕배기에 자리한 제주4·3 평화 기념관에 꼭 들러 보길 바랍니다. 긴 세월 못다 한 제주 사람들의 이야기와 우리의 아픈 역사가 메아리가 되어 그곳에 아직도 울리고 있으니까요.

국가의 주인은 국민이니까

우리나라의 헌법 제10조는 이렇게 쓰여 있습니다.

> 모든 국민은 인간으로서의 존엄과 가치를 가지며, 행복을 추구할 권리를 가진다. 국가는 개인이 가지는 불가침의 기본적 인권을 확인하고 이를 보장할 의무를 진다.

국민이 살아가는 데 가장 기본이 되는 권리를 지키는 것이 국가의 역할입니다. 이 역할을 실제로 해내는 사람들은 바로 공무원입니다. 그들은 그 대신 국민이 낸 세금으로 월급을 받습니다. 군인과 경찰 역시 마찬가지입니다.

제주4·3에 우리가 더욱 분노해야 하는 이유는 국민을 위해 움직여야 할 정부가 국민에게 폭력을 휘둘렀다는 사실입니다. 국민의 생명을 위협하고 빼앗는 과정에서 법적 절차조차 제대로 지키지 않았지요. 사람을 가두거나 벌금을 물리는 등 형벌을 내리기 위해서는 재판이라는 과정을 거쳐야 합니다. 우리나라는 공정한 재판을 위해 한 사건에 대해 세 번의 심판을 받을 수 있는 삼심제도까지 두고 있습니다. 무엇보다 우리 헌법에서는 국민의 자유와 권리를 제한할 때 반드시 법률과 그에 맞는 절차를 따르라고 밝히고 있습니다. 제주4·3은 이러한 헌법의 원칙을 무시한 국가 폭력이었던 셈이죠.

제2차 세계대전 이후 전쟁의 비극을 되풀이하지 않기 위해 만들어진 제네바 협약에 따르면, 어떠한 경우든지 민간인을 향한 공격은 금지됩니다. 또한 〈세계 인권 선언문〉을 보면 사람은 누구나 사상의 자유, 표현의 자유, 집회와 결사의 자유를 침해당해선 안 된다고 나와 있습니다. 그 시절 제주도에서는 모두 지켜지지 않았던 것들입니다.

우리가 국가 폭력을 더욱 민감하게 받아들여야 하는 이유는 국민이 국가에게 공권력이라는 거대한 힘을 준 대신, 국가는 국민의 권리를 보장해야 할 의무가 있기 때문입니다. 국가를 이루는 요소 중 가장 중요한 것은 국민입니다. 제주4·3의 역사에 어떤 색이 씌워지든 우리가 절대 잊지 말아야 할 사실은 국가가 국민에게 폭력을 저질렀다는 점입니다.

4장

르완다, 아프리카의 눈물

복수와 용서의 갈림길에서

#제국주의   #제3세계   #차별

제 이름은 모니크, 투치족입니다

모니크의 어머니는 키가 크고 머리카락을 길게 늘어뜨리고 다니곤 했습니다. 아버지는 덩치가 크고 피부가 검은 편이었지요. 어머니는 투치족, 아버지는 후투족이라서 그렇다고 했습니다. 부모님의 신분증에도 부족이 다르게 적혀 있었습니다. 모니크는 자라면서 점점 어머니를 닮아 가고, 언니는 아버지를 닮아 갔습니다.

그날은 평소처럼 모니크가 학교에서 수업을 듣던 때였습니다. 갑자기 교실 문이 열리고 긴 칼을 든 남자들이 들어왔습니다. 그들은 소리쳤습니다.

"투치족은 모두 일어나. 한 사람도 빠짐없이."

모니크는 꼼짝도 못 하고 벌벌 떨어야 했습니다. 잠시 후 한 남자가 다가와 모니크의 길게 뻗은 머리채를 잡고는 말했습니다.

"머리를 보니까 투치족이 틀림없어. 그런데 넌 왜 여태 안 일어나는 거야!"

남자는 모니크를 땅바닥에 내동댕이쳤습니다. 모니크가 도와 달라는 눈빛으로 선생님을 바라봤습니다. 하지만 선생님은 남자의 말에 맞장구칠 뿐이었습니다.

학교에서 쫓겨나 집으로 돌아가는 길은 지옥 그 자체였습니다. 집들이 불타고 거리에는 투치족으로 보이는 사람들이 길가의 돌멩이처럼 널브러져 있었습니다. 1973년에 겪었던 이날의 악몽을 모니크는 지금도 선명하게 기억합니다.

"모니크, 뉴스를 봐. 대통령이 탄 비행기가 추락했어. 라디오에서는 투치족을 죽이라는 방송이 나오고 있어. 어서 피해야 해."

21년이 흐른 어느 날, 모니크는 언니의 전화를 끊자마자 아이들과 남편을 데리고 황급히 집을 나섰습니다. 그리고 유엔군이 지키고 있는 밀콜린스 호텔의 지배인에게 연락했습니다. 지배인은 흔쾌히 호텔에 몸을 피하라고 했습니다.

호텔로 가는 길은 멀게만 느껴졌습니다. 라디오에서는 쉴 새 없이 "투치족은 바퀴벌레이다. 바퀴벌레인 투치족을 당장 죽여라"라는 방송이 흘러나왔습니다. 그 끔찍한 방송을 들은 사람들을 바쁘게 움직였습니다. 길거리에는 이미 수많은 사람이 죽어 있었습니다. 학교에서 쫓겨난 그날, 집으로 돌아오며 봤던 그 모습과 같았습니다.

호텔에는 부상을 입은 투치족으로 가득했습니다. 그들이 눈물을 흘리며 들려준 이야기는 하나같이 끔찍했습니다. 한 여성은 평생을 함께한 후투족 남편이 자신에게 직접 칼을 휘둘렀다고 했습니다. 한 아이는 며칠 전까지 공부를 가르쳐 주던 선생님이 칼을 들고 자신의 이름을 부르며 찾아다녔다고 했습니다. 아이는 선생님의 손에 들려 있던 피 묻은 칼이 떠올라 아직도 무섭다고 했습니다. 투치족 같은 건 하지 않을 테니 제발 자기를 죽이지 말라며 흐느꼈습니다.

모니크는 이 끔찍한 악몽이 왜 이렇게 반복되어야 하는지 너무 슬펐습니다. 후투족 아버지와 투치족 어머니를 둔 자신은 어느 부족인지 혼란스러웠습니다.

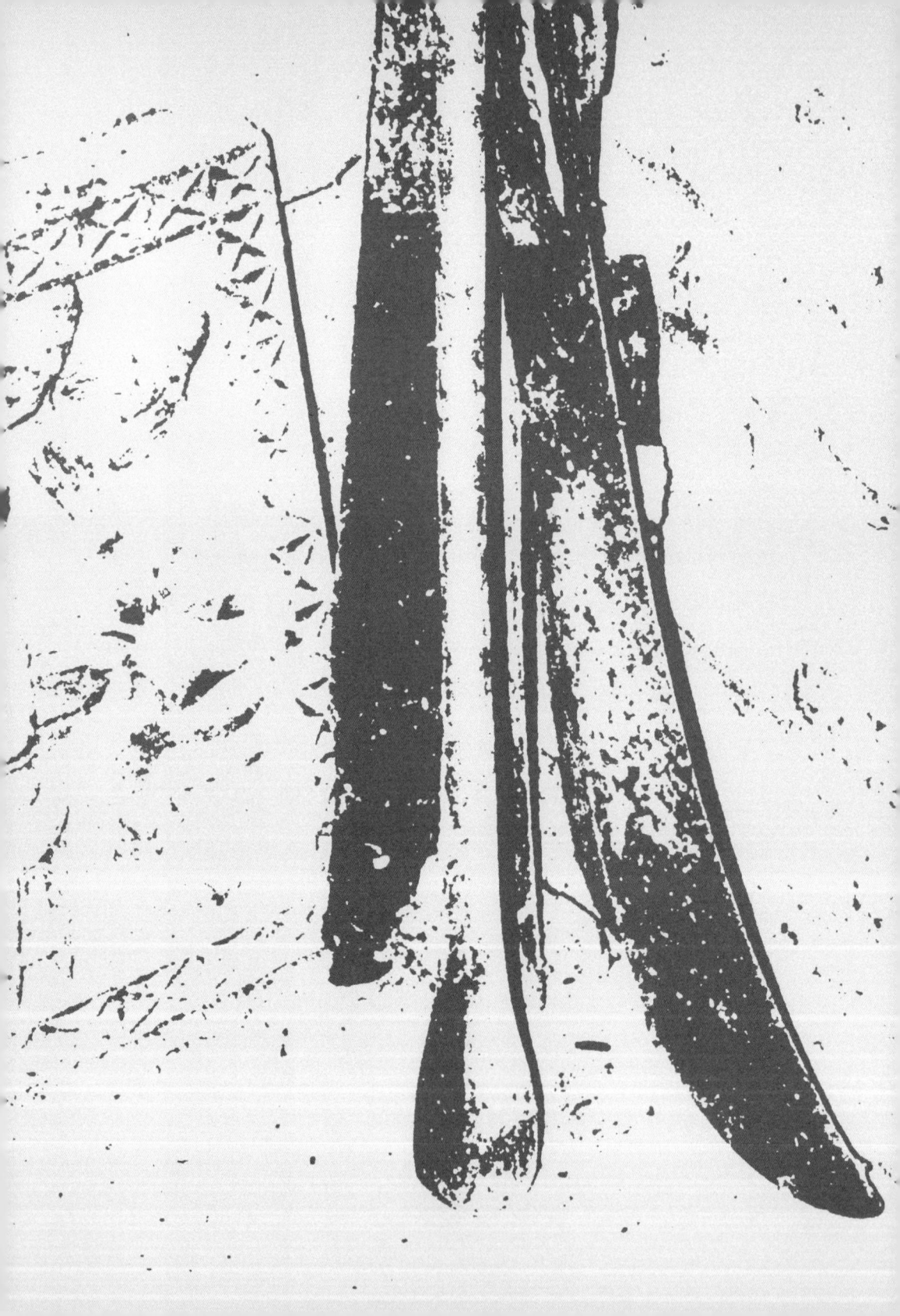

아프리카를 둘러싼 땅따먹기

아프리카 지도는 여러 국가가 대륙을 오밀조밀 가득 채우고 있는 모양입니다. 각각의 국경이 마치 자를 대고 잘라 낸 듯 반듯반듯하지요. 국경은 대개 구불구불한 산과 들을 경계로 만들어집니다. 한번 생긴 뒤에도 맞닿은 국가나 부족이 영역을 다투면서 계속 바뀌곤 합니다. 그런데 아프리카에는 왜 이렇게 국경이 반듯한 곳이 많은 것일까요?

아프리카는 2,000개 넘는 부족이 사는 곳입니다. 거대한 밀림과 사막, 강이 자연스레 부족 사이에 경계를 만들어 주었고, 그러한 자연환경 속에서 그들은 자신들만의 문화를 만들어 가며 수천 년을 더불어 살아왔습니다. 부족 사이에 다툼이 일어나더라도 한 부족을 모조리 죽이거나 땅에서 쫓아내지는 않았지요.

아프리카의 부족들이 큰 분쟁 없이 살아갈 수 있었던 시대는 제국주의의 팽창으로 무너져 내리기 시작했습니다. 제국주의란 한 나라가 정치적·경제적 영향력을 다른 민족이나 국가의 영토로 넓혀 지배하려는 것을 말합니다. 산업 혁명과 항해술의 발달에 힘입은 서구 열강은 아메리카 대륙을 시작으로 새로운 식민지가 될 땅들을 찾아 나섰습니다.

당시 가장 힘이 셌던 영국과 프랑스는 지도를 펼쳐 놓고 힘을 겨루듯 아프리카를 이곳저곳 점령해 나갔습니다. 이에 질세라 이탈리아, 벨기에, 포르투갈 등도 땅을 차지하기 위해 뛰어들었습니다. 오랫동안 그곳에 터전을 일구며 살아온 사람들의 삶 따위는 그들이 알 바가 아니었습니다.

수천 년을 함께 살아온 사람들이 국경을 경계로 갈라지고, 서로를 원

스페인 튀르키예

모로코 튀니지 시리아

알제리 리비아 이집트 이라크 요르단

사우디아라비아

모리타니 말리 니제르 차드 수단 에리트레아 예멘

세네갈 지부티

감비아 기니 부르키나파소 나이지리아 남수단 에티오피아

기니비사우 코트디부아르 가나 중앙아프리카공화국 소말리아

시에라리온 토고 카메룬 우간다 케냐

라이베리아 베냉 적도기니 가봉 콩고 르완다

콩고민주공화국 부룬디

탄자니아 인도양

대서양 앙골라 말라위 모잠비크

잠비아 마다가스카르

나미비아 짐바브웨

보츠와나 에스와티니

남아프리카공화국 레소토

아프리카는 아시아에 이어 세계에서 두 번째로
큰 대륙이다. 금과 다이아몬드, 석유를 비롯한 천연자원이
풍부하지만 오늘날 아프리카 사람들은 굶주림에
시달리고 있다.

수처럼 여기던 부족이 한 국가의 국민으로 살아가야 하는 상황이 벌어졌습니다. 미국과 소련이 우리나라를 남과 북으로 갈라놓았던 것처럼 아프리카를 자신들의 입맛대로 갈가리 찢어 버렸던 것이죠. 부족이 많다 보니 지배하기가 까다로웠기 때문입니다. 그들은 편을 갈라 아프리카 사람들이 서로를 증오하도록 부추겼습니다. 이는 훗날 1994년에 후투족이 투치족을 대상으로 벌인 르완다 학살이 일어나는 배경이 됩니다.

편을 갈라 다스리다

르완다는 크게 후투족, 투치족, 트와족으로 이루어진 국가입니다. 후투족은 르완다 인구의 약 85%를 차지하는 부족으로, 주로 농사를 지으며 살았습니다. 반면에 투치족은 르완다 인구의 14% 정도밖에 되지 않지만 예로부터 소와 염소 등을 기르며 먹고살았고, 르완다 왕국의 통치 계급으로서 권력을 누려 왔습니다. 마지막으로 트와족은 르완다 인구의 약 1%를 이루며 사냥과 채집을 통해 살아가는 소수 부족입니다.

지도를 보면 아프리카 중앙의 거대한 콩고민주공화국과 국경을 맞대고 있는 작은 나라가 바로 르완다입니다. 15세기경 투치족은 르완다 왕국을 세우고 이 땅을 다스렸습니다. 르완다는 19세기 후반에 독일의 식민지가 되었고, 제1차 세계대전 이후에는 벨기에의 지배를 받았지요. 이때부터 비극이 시작됩니다.

벨기에는 르완다를 나누기 시작했습니다. 그들이 먼 아프리카 땅까지 힘들게 오가는 대신, 르완다 사람들을 지배하는 자와 지배받는 자로 갈라놓은 것입니다. 르완다 사람들이 하나로 뭉쳐 저항하는 것을 막기 위해서였습니다. 이는 벨기에뿐만 아니라 당시 일본을 비롯한 제국주의 국가들이 식민지를 통치할 때 즐겨 쓰던 방식이었습니다.

벨기에는 르완다의 지배 계급으로 투치족을 골랐습니다. 자신들과 닮은 외모 때문이었습니다. 투치족은 후투족보다 키가 크고 말랐습니다. 코는 길고 피부색은 흰 편이지요. 벨기에는 고작 이러한 이유로 투치족을 더 우월하다고 여겼습니다. 국가의 높은 자리와 교육의 기회는 투치족에게 돌아갔습니다. 반면에 후투족은 벨기에의 주도 아래 철저하게 차별받았습니다. 벨기에의 차별 정책은 후투족과 투치족 사이의 갈등을 부추겼습니다. 마치 일제가 이간질을 통해 친일파를 키우고 그들이 같은 조선 사람을 괴롭히게 했던 것처럼 말입니다.

제2차 세계대전이 끝나고 **제3세계❓** 국가들이 하나둘 독립하자 벨기에는 커져 가는 투치족 지도자들의 세력이 부담스러웠습니다. 그래서 다시 이간질을 시작합니다. 이번에는 후투족에게 힘을 실어 주어 투치족을 몰아내려고 한 것이죠. 수많은 투치족이 이때 목숨을 잃거나 외국으로 쫓겨났습니다.

냉전 시기에 미국을 중심으로 모인 국가들을 '제1세계', 소련을 중심으로 모인 국가들을 '제2세계'라고 불렀다. '제3세계'는 둘 중 어느 쪽에도 속하지 않은 국가들을 가리켰는데, 주로 개발도상국 또는 막 독립한 국가들이었다.

돌이킬 수 없는 증오의 끝

1962년 벨기에는 결국 르완다의 독립을 받아들입니다. 그러나 후투족과 투치족의 갈등은 르완다가 독립한 뒤에도 계속되었습니다. 이웃 나라에 살고 있던 투치족이 르완다에 들이닥쳐 후투족을 살해했고, 후투족은 다시 르완다에 있는 투치족에게 화풀이했습니다. 복수는 또 다른 복수로 이어졌습니다. 결국 1973년에 인구가 더 많았던 후투족이 무력으로 르완다의 정권을 잡았고, 외국으로 도망친 투치족은 이에 맞서 그들만의 조직인 르완다 애국전선을 만들었습니다. 계속되는 싸움에 사람들은 점점 더 지쳐 갔습니다.

외모는 달랐지만 오랜 시간을 더불어 살아가던 그들은 이제 서로의 존재조차 인정하지 않으려 했습니다. 후투족은 얼마 되지 않는 투치족을 내쫓고 자신들만의 나라를 세우고 싶어 했습니다. 투치족 역시 마찬가지였습니다. 끊임없는 갈등과 혐오 속에 르완다의 대통령이었던 쥐베날 하비아리마나는 두 부족이 더불어 살 것을 외쳤습니다. 그러나 그 바람은 오래가지 못했습니다. 1994년에 하비아리마나 대통령이 탄 비행기가 누군가의 공격으로 추락했습니다. 후투족 출신이었던 대통령이 사망하자 사람들은 투치족을 의심했습니다. 그날부터 잔혹한 학살이 시작되었습니다. 투치족이 미처 도망갈 틈도 없었습니다.

무려 50만 자루나 되는 마체테가 후투족의 손에 쥐어졌습니다. 마체테는 빽빽하게 자란 정글의 풀을 베기 위해 길게 만든 칼입니다. 정글용 칼이 사람을 해치는 무기가 된 것은 한순간이었습니다. 총을 가진 이들은 학살에 쓰인 마체테.
이 칼을 전시하고 있는 은타라마 기념관은
원래 교회로, 이곳에서 목숨을 잃은 이는
5,000여 명에 이른다. 이곳에서는 희생자들의
유해와 옷가지를 그대로 간직하고 있다.
ⓒFlickr; Dave Proffer

총을 쏘고, 칼을 든 이들은 칼을 휘둘렀습니다. 총과 칼이 없으면 돌을 던졌고 집에 불을 지르기도 했습니다.

학살을 부채질한 것은 라디오를 타고 흘러나오는 방송이었습니다. 후투족이 장악한 라디오 방송국에서는 하루 종일 투치족을 헐뜯는 방송을 내보냈습니다. 목소리는 낮고 무거웠습니다.

"투치족을 죽여라. 그들은 바퀴벌레이다. 당장 내 이웃에 살고 있는 투치족을 찾아내어 죽여라."

내용이 너무 끔찍해 다 담을 수는 없지만 간추리면 이랬습니다. 매일같이 이런 방송을 듣는다면 나도 모르게 '투치족은 나쁘다'라는 생각이 머릿속에 자리했을 것입니다. 아니나 다를까 방송을 들은 사람들은 마체테를 한 손에 든 채 눈에 불을 켜고 투치족을 찾아다녔습니다. 얼마 지나지 않아 하비아리마나 대통령의 비행기를 떨어뜨린 것은 투치족이 아닌 후투족이었다는 사실이 밝혀졌지만 학살은 멈추지 않았습니다.

가족과 이웃을 죽여라

학살은 친구건 가족이건 상대를 가리지 않았습니다. 어제까지 함께 기도하고 밥을 먹던 신부님이 마체테를 휘두르며 투치족 아이를 잡으러 다녔습니다. 후투족 남편은 투치족 아내의 부모를 벤 칼을 들고 아내 앞에 나타났습니다. 남편이 잠시 망설이는 사이에 다른 후투족이 아내를 죽였지만 그는 눈물조차 흘리지 않았습니다. 오히려 다른 투치족을 어서 찾아내야 한다는 생각에 사로잡혀 아내의 죽음을 잊어버린 듯 보였습니다.

비명과 울음소리가 르완다를 가득 채웠습니다. 학살의 결과는 끔찍했습니다. 100일 동안 약 80만 명이 목숨을 잃었습니다. 1시간마다 333명, 1분마다 6명이 죽은 셈입니다. 르완다 국민 가운데 약 10분의 1을 지워 버린 이 학살에서 어린아이는 부모를 잃고 여성은 끔찍한 성폭력을 당했습니다. 한 통계에 따르면 르완다의 평균 수명은 학살이 일어난 해를 기준으로 42세에서 14세로 줄어들었습니다. 그러나 반성은 없었습니다. 그들에게 투치족은 사람이 아니라 바퀴벌레에 지나지 않았으니까요.

《내일 우리 가족이 죽게 될 거라는 걸, 제발 전해주세요!》라는 책을 보면 학살에서 살아남은 이의 증언이 나옵니다. 그는 어느 순간 죽음을 받아들였다고 합니다. 자신에게 언제든 일어날 수 있는 일이었기에 오히려 죽더라도 칼 대신 총에 맞아 죽기를 바랐다고 하지요. 잔인한 방법으로 고통스럽게 죽느니 조금 더 편안한 죽음을 바란 것입니다. 살 수 있다는 희망은 그에게 사치였습니다.

생존자의 증언대로 학살은 너무나 잔인했습니다. 21세기를 코앞에 둔 1994년, 르완다 학살에 쓰인 도구는 주로 칼과 도끼였습니다. 이는 피해자의 수만큼 가해자의 수가 많았다는 것을 의미합니다. 폭탄 같은 무기는 수많은 사람을 한꺼번에 죽음으로 몰고 갈 수 있습니다. 반면에 칼과 도끼를 쓰는 경우에는 많아야 몇십 명이 전부입니다. 그런데도 르완다 학살에 희생된 사람이 80만 명이었던 것을 생각하면 그들 안에 뿌리내린 증오가 얼마나 깊었던 것인지를 알 수 있습니다.

증오가 빚어낸 것은 지옥이었습니다. 상상해 보세요. 어제까지 반갑게 인사를 나누던 이웃이 손에 도끼와 칼을 쥔 채 나와 내 가족을 죽여야 한다고 말합니다. 길거리에는 나를 바퀴벌레라 부르며 당장 죽여야 한다고 말하는 방송이 24시간 울려 퍼집니다. 상상만으로 무서운 일들이 1994년 르완다 사람들의 눈앞에 펼쳐졌습니다.

투치족뿐만 아니라 이들을 돕거나 감싸 준 사람들도 학살의 대상이 되었습니다. 르완다 학살을 다룬 영화 〈4월의 어느 날〉을 보면 다음과 같은 장면이 나옵니다. 후투족 민병대가 여학생 기숙사로 쳐들어와 후투족과 투치족으로 나누어 서라고 명령합니다. 여학생들이 서로를 부둥켜안고 거부하자 민병대는 이들을 모두 죽여 버립니다. 학살에 반대하는 후투족을 배신자로 보고 같은 부족일지라도 죽인 것입니다.

사람들을 살린 호텔 지배인

르완다에서 투치족이 살아남을 방법은 없어 보였습니다. 그러나 이때도 선량한 이들은 있었습니다. 한 이웃은 학살이 진행되는 100일 동안 교회 화장실에 갇힌 이에게 몰래 음식을 가져다주었다고 합니다. 후투족 신분증을 만들어 투치족을 살린 공무원도 있었습니다. 그중에는 영화로 만들어진 이야기도 있습니다. 바로 밀 콜린스 호텔의 이야기입니다.

밀 콜린스 호텔은 르완다의 수도인 키갈리에 자리해 있습니다. 외국

밀 콜린스 호텔의 현재 모습.
살아남은 이들에 따르면 당시 지배인이었던
폴 루세사바기나는 호텔의 전화기, 국제단체 주소를 통해
구조의 손길을 요청하며 그들의 곁을 지켰다고 한다.

기자나 외교관이 주로 이용하는 고급 호텔이었지요. **유엔 평화유지군** 이 머물렀기에 르완다에서 가장 안전한 곳이기도 했습니다. 학살이 시작되자 사람들은 밀 콜린스 호텔로 도망쳤습니다. 사람들이 어찌나 몰려들었던지 먹을 물이 없어서 수영장 물을 마셔야 할 정도였습니다. 그러나 이 호텔의 지배인이었던 폴 루세사바기나는 1,000명에 가까운 사람들을 내쫓는 대신 기꺼이 받아들였습니다.

> 유엔 평화유지군은 유엔에서 만든 연합군으로, 우리나라를 비롯한 유엔 회원국들이 보낸 군대로 이루어진다. 유엔군이라고도 하며 분쟁 지역이나 재난 지역에 가서 평화를 유지하기 위한 활동을 수행한다.

그는 학살이 이루어지는 동안 서방 세계를 향해 계속 도움의 손길을 요청했습니다. 바깥과 연락할 수단으로 유일하게 남아 있던 국제전화선을 이용해 그들이 나서야 한다는 메시지를 전했습니다. 호텔로 피해 있던 고위 간부들에게도 그들의 인맥을 써서 구조대를 보내 줄 수 있는 지도층에 연락할 것을 부탁했습니다. 호텔을 위협하는 군인들에게는 남아 있던 술과 돈을 건네주며 사람들을 지켰습니다.

그의 노력이 한계에 다다를 때쯤 호텔 사람들을 구출하는 작전이 시작되었습니다. 여러 날에 걸쳐 목숨을 건 탈출이 이어졌습니다. 안전한 곳으로 가는 동안에도 수많은 위협에 시달려야 했습니다. 그는 결국 호텔에 고립된 1,000여 명의 사람들을 탈출시키는 데 성공했습니다.

밀 콜린스 호텔로 도망친 사람들이 목숨을 구할 수 있었던 배경에는 앞서 말했던 르완다 애국전선의 지원이 있었습니다. 세력을 넓힌 르완다 애국전선은 1994년 7월 4일에 반격을 시작하고 수도를 차지했습니다. 그렇게 100일에 걸친 잔혹한 학살은 막을 내리게 됩니다. 학살을 이끌었던 후투족 지도자들은 앙갚음이 두려워 외국으로 도망쳤습니다. 후투족 사람들 역시 피난길에 올랐는데 그 수가 200만 명에 이르렀다고 합니다.

세계가 눈감은 죽음

학살에 쓰인 마체테 50만 자루는 어디서 왔을까요? 당시 후투족으로 이루어져 있던 르완다 정부는 중국에서 마체테를 들여왔습니다. 이때 르완다 정부에 마체테를 살 돈을 빌려준 나라가 바로 프랑스입니다. 프랑스는 이 돈이 사람을 해칠 무기를 사는 데 쓰일 것을 알고 있었습니다.

　학살에서 겨우 살아남은 르완다 사람들은 어처구니없게도 마체테를 사들이는 데 빌린 돈을 갚아야 하는 처지가 되었습니다. 자신의 가족과 친구를 죽이는 데 쓴 돈을 갚으라니 부당한 것 아니냐고 세계 각국에 외쳤지만 외면당했습니다. 돈을 빌려준 프랑스 역시 침묵했습니다. 결국 르완다 사람들은 프랑스로부터 빌린 돈을 갚기 위해 오랫동안 굶주림에 시달려야 했습니다.

　전 세계는 그렇게 르완다 사람들의 슬픔에 눈을 감아 버렸습니다. 국제 평화와 안전을 위해 만들어진 유엔이라고 다르지 않았습니다. 르완다는 계속된 내전으로 위험 지역이었기에 평화유지군이 이미 머무르고 있

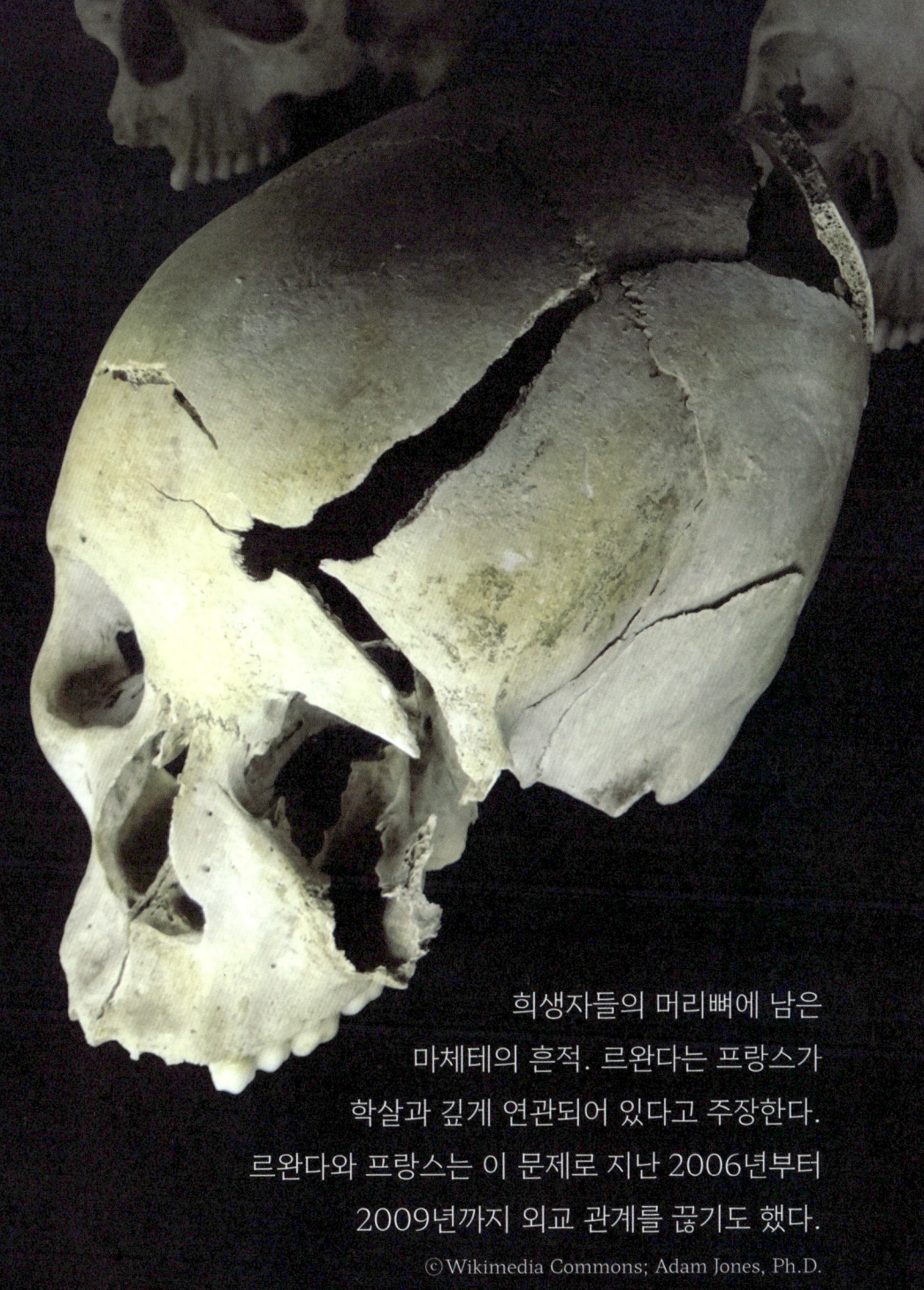

희생자들의 머리뼈에 남은
마체테의 흔적. 르완다는 프랑스가
학살과 깊게 연관되어 있다고 주장한다.
르완다와 프랑스는 이 문제로 지난 2006년부터
2009년까지 외교 관계를 끊기도 했다.

ⓒWikimedia Commons; Adam Jones, Ph.D.

었지만 그들도 학살을 막지는 못했습니다. 유엔 안전보장이사회의 국가들이 평화유지군의 적극적인 활동에 찬성하지 않았기 때문입니다. 결국 평화유지군 15명도 현장에서 사망하고 말았습니다. 사실 후투족과 투치족 사이의 해묵은 갈등은 그 전부터 오랜 기간에 걸쳐 이루어져 왔습니다. 그러나 아프리카의 작은 나라에까지 전해질 관심은 부족했던 것이죠.

1946년 12월 11일, 유엔 총회는 제노사이드를 국제법에 위반한 범죄로 선포했습니다. 1948년에 열린 유엔 총회에서는 집단 학살 범죄의 예방과 처벌을 위한 제노사이드 협약을 채택했습니다. 그러나 이것은 유엔 회원국들만의 약속으로 그치고 말았습니다. 아프리카의 작고 힘없는 나라에서 일어난 제노사이드에는 이미 수십 년 전에 만들어진 약속이 지켜지지 않았던 것이죠.

르완다는 바다와 멀리 떨어진 척박한 내륙 국가입니다. 콩고민주공화국과 우간다 같은 큰 나라들에 둘러싸여 있죠. 석유나 니켈 같은 지하자원도 부족합니다. 만약 르완다가 커다란 땅과 풍부한 자원을 가지고 있었다면 어땠을까요? 많은 나라가 르완다 사람들의 목소리에 귀를 기울이지 않았을까요? 얻어 낼 것이 없던 르완다에 모두가 등을 돌렸습니다. 세계가 르완다를 외면했던 데에는 이토록 슬프고 차가운 진실이 자리해 있습니다.

좋은 차별, 나쁜 차별

1968년 미국의 한 초등학교에서 있었던 실험 이야기를 해 보겠습니다. 선생님은 반 아이들을 갈색 눈과 푸른색 눈으로 나누었습니다. 그리고 갈색 눈을 가진 아이들의 유전자가 훨씬 우수하다고 말했습니다. 푸른색 눈 아이들에게는 이것이 과학적으로 밝혀진 사실이라고 못 박았지요. 변화는 곧바로 나타났습니다. 푸른색 눈을 가진 아이들은 반에서 겉돌기 시작했습니다. 갈색 눈을 가진 아이들은 푸른색 눈 아이들을 따돌리며 학교생활을 더 열심히 했습니다.

얼마 지나지 않아 선생님은 자신의 착각이었다며 푸른색 눈을 가진 아이들의 유전자가 더 우월하다고 말했습니다. 놀랍게도 상황은 바로 뒤바뀌었습니다. 푸른색 눈 아이들은 자신감이 높아졌고 목소리도 한층 당당해졌습니다. 갈색 눈 아이들은 자신들이 차별받는 것을 당연하게 여기기까지 했습니다.

결국 이 실험은 중단되었습니다. 잘못된 기준으로 사람을 나누고 차별하는 것이 얼마나 위험하고 어리석은지를 잘 보여 준 실험이었습니다.

후투족과 투치족의 갈등도 이와 다르지 않습니다. 오랜 시간을 더불어 살아오던 그들은 남의 나라가 세운 경계를 사이에 두고 서로를 미워하기 시작했습니다. 벨기에는 단순히 자신들이 르완다를 다스리기 쉽도록 외모를 기준으로 우월한 부족과 열등한 부족을 만들었습니다. 상황이 변하자 실험 속 선생님이 그랬던 것처럼 차별과 혐오의 대상을 바꾸기도 했습니다. 그 결과로 무슨 일이 벌어지든 벨기에는 르완다를 떠나면 그만이었습니다. 르완다에 싹튼 증오는 그렇게 서로를 향해 점점 몸집을 불려 갔습니다.

사회는 저마다 다른 사람이 모여 사는 곳인 만큼 차별이 필요할 때가 있습니다. 이때 그 기준은 반드시 합리적이어야 합니다. 예를 들어 미국의 대학들은 백인이 아닌 인종이 들어올 수 있도록 입학 정원에서 일정 비율의 자리를 빼놓습니다. 몇몇 백인들은 이것을 역차별이라고 이야기합니다. 그러나 백인 중심으로 이루어진 미국 사회에서 다른 인종이 백인만큼 좋은 교육을 받기 어려운 것이 현실입니다. 따라서 이러한 기준으로 이루어진 차별은 합리적이라고 봅니다. 반대로 키가 크고 피부가 흰 편이며 눈이 푸른색이라는 이유로 더 좋은 대우를 받아야 한다는 것은 비합리적인 차별입니다. 르완다는 벨기에가 세운 잘못된 기준 아래 차별을 일삼았고 그 차별은 결국 학살에까지 이르렀습니다.

르완다를 다시 세운 가차차

앞서 살펴본 갈색 눈, 푸른색 눈 실험에 참가한 아이들은 이때의 경험으로 차별에 맞설 수 있게 되었다고 합니다. 이 아이들처럼 차별에 눈감지 않는 사회가 된다면 더할 나위 없이 좋겠지요. 오늘날 르완다는 아프리카에 자리한 나라 가운데 가장 빠르게 성장하고 있습니다. 여행하기 위험한 곳이 대부분인 아프리카 대륙에서 비교적 안전한 편이지요. 물론 독재가 계속되고 있기에 문제가 없는 것은 아니지만 학살의 상처를 딛고 그들이 이루어 낸 화합과 발전은 감탄할 만한 수준입니다.

르완다의 눈부신 성장 뒤편에는 '가차차'가 있습니다. 르완다의 전통 마을 재판인 가차차는 짧고 깨끗하게 다듬어진 풀밭이라는 뜻을 가지고 있습니다. 풀밭에서 재판을 열었기 때문에 이러한 이름이 붙었다고 합니다. 과거 르완다의 마을에서 가차차는 갈등을 해결하기 위해 열렸습니다. 처벌보다는 화해와 협력을 우선했지요.

르완다 정부는 2001년부터 학살 문제를 다룰 가차차를 전국에 1만 개 넘게 설치했습니다. 그리고 자신이 저지른 잘못을 빠짐없이 밝히고 용서를 구하는 이에게는 형량을 줄여 주겠다고 선언했습니다. 물론 가해자를 너무 쉽게 용서하는 것 아니냐는 비판의 목소리도 있었습니다. 그러자 르완다의 폴 카가메 대통령은 이렇게 이야기했습니다.

"르완다가 '눈에는 눈' 전략으로 나갔다면 르완다 국민은 모두 장님이 되었을 것이다."

복수는 복수로 이어지고, 학살은 또 다른 학살을 불러온 것이 르완다의 역사였습니다. 만약 르완다가 가해자에 대한 처벌만을 목표로 삼았다면, 그 땅에서 처벌받지 않는 사람을 찾아보기 어려웠을 것입니다. 땅도 좁은데 내전으로 경제가 곤두박질친 르완다에는 누군가의 처벌보다 화해와 협력을 통한 발전이 먼저였습니다. 또한 자신의 죄를 뉘우치고 진심으로 용서를 빈 자에게만 가차차의 자비가 베풀어졌다는 점에서 과거를 잊지 않으려는 의지를 엿볼 수 있습니다.

가차차가 이루어지는 모습.
가차차가 열리는 날에는 마을 사람이 모두
재판에 참여한다. 재판관은 성별에 상관없이
20세 이상이면 누구나 될 수 있다.

아직도 르완다의 갈 길은 멀어 보입니다. 끔찍한 학살로부터 이제 겨우 30여 년이 지났을 뿐이니까요. 피해자와 가해자가 함께 살아가고 있으니 갈등 역시 완전히 없지는 않을 것입니다. 우리는 끊임없이 되새기며 기억할 때 같은 실수를 반복하지 않을 수 있습니다. 어두운 역사를 숨기지 않고 똑바로 마주하는 일은 더 나은 사회로 나아가기 위한 길입니다. 화해와 협력으로 피어난 가차차 정신이 르완다 사람들을 더욱 따뜻하게 보듬어 주기를 바랍니다.

5장

캄보디아, 킬링필드

무덤이 되어 버린 땅

#집단_무덤 #소년병 #지뢰

제 이름은 보파, 크메르 루주의 소년병입니다

보파는 꿈을 꾸었습니다. 꿈에서 보파는 선풍기가 돌아가는 거실에 누워 엄마와 함께 텔레비전을 보고 있었습니다. 방송에서는 캄보디아의 명절을 앞두고 유명한 가수가 아름다운 목소리로 노래를 불렀습니다. 보파는 노래를 따라 흥얼거렸습니다. 잠에서 깨어난 것은 영화관에 갔던 오빠가 언제 돌아왔는지 보파를 큰 소리로 부른 때였습니다.

"보파, 일어나! 어서 빨리 빠져나가야 돼. 군인들이 오고 있어."

꿈이 아니었습니다. 보파가 정신을 차리고 주위를 둘러보자 가족들은 이미 짐을 꾸린 채 떠날 준비를 마친 뒤였습니다. 폴 포트가 캄보디아의 지도자가 된 날, 도시에 살던 사람들은 모두 그렇게 시골로 떠나야 했습니다.

보파는 40도가 넘는 무더위 속에서 걷고 또 걸었습니다. 중간에 반항을 하거나 쓰러지면 군인들에게 죽임을 당했습니다. 보파는 이후로도 죽은 사람을 수없이 보아야 했습니다.

어느 시골 농장에 도착하자 군인들은 사람들이 가진 물건을 모두 빼앗았습니다. 검은색 옷 말고는 입을 수도 신을 수도 없었습니다. 보파는 가족과 헤어져 다른 아이들과 함께 총을 들어야 했습니다. 하루에 한 끼도 제대로 먹지 못한 채 훈련을 받고 밭일까지 했습니다. 엄마가 너무 보고 싶었지만, 울면 잡혀가 맞았기에 보파는 눈물을 참는 법을 배웠습니다.

어쩌다 아파도 제대로 치료받을 수 없었습니다. 폴 포트가 의사같이 똑똑한 사람들을 다 죽여 버렸기 때문입니다. 세상을 불평등하게 만든다는 이유에서였습니다. 높은 자리에 있던 보파의 아빠도 그렇게 목숨을 잃었습니다.

보파는 매일 밤 배고픔과 아픔에 지쳐 잠들었습니다. 꿈은 늘 똑같았습니다. 폴 포트의 군대가 마을로 쳐들어와서 사람들을 잡아 고문하고 우물로 던져 버립니다. 잠에서 깬 보파는 그것이 꿈이 아니라 실제로 본 장면들이었음을 깨닫습니다.

보파는 바닥에 주저앉아 눈을 질끈 감았습니다. 이 끔찍한 고통이 제발 빨리 끝나기를 기도했습니다. 얼굴이 하얗다는 이유로, 안경을 썼다는 이유로 사람들이 죽어 갔습니다. 보파가 언젠가 같은 무대에 서길 꿈꿨던 가수, 오빠가 좋아했던 영화배우는 이 세상에 원래 없었던 사람처럼 모습을 감추었습니다. 배가 고팠던 한 어른은 밭농사를 망친 멧돼지를 잡아먹었다는 이유로 죽었습니다. 배가 고파도 다 같이 고파야 하고, 한 사람이라도 더 배부르면 안 된다는 것이 폴 포트의 생각이었습니다.

이제 보파에게는 아빠도 엄마도 오빠도 곁에 없습니다. 노래도 더는 부르지 않습니다. 보파는 다시 꿈을 꾸고 싶었습니다. 가족들과 아침을 먹고, 다 함께 노래를 따라 부르고, 저녁에는 포근한 잠자리에 들던 하루가 돌아오기를 간절히 바랐습니다.

아름다운 사원의 나라

캄보디아는 해가 뜨기 시작하면 사원이 찬란한 보석처럼 빛나는 나라입니다. 특히 앙코르 와트라는 사원으로 유명하지요. 캄보디아 사람들은 대부분 불교를 믿으며 숨 막힐 듯한 더위와 수풀이 우거진 자연 속에서 소박하게 살아갑니다. 과거만 해도 캄보디아는 우리에게 비밀로 꽁꽁 싸매져 있는 나라였습니다. 우리나라와 멀리 떨어져 있는 데다 공산주의 정권과 내전으로 좀처럼 방문이 어려운 곳이었기 때문입니다.

캄보디아는 인구의 대부분이 크메르족으로, 수천 년의 역사를 품고 있습니다. 9세기경 크메르족이 세운 크메르 왕국은 인도차이나반도를 주름잡는 나라였습니다. 강했던 만큼 눈부신 문화를 이루었는데 오늘날 캄보디아를 상징하는 앙코르 와트도 이때 만들어졌습니다. 시간이 흘러 제국주의 시대를 거치면서 캄보디아는 프랑스의 식민지가 되었다가 결국 1953년에 독립했습니다. 가진 것이 많지 않았고 주변 국가들의 간섭도 만만치 않았지만 사람들은 평화로웠습니다. 크메르 루주라는 공산주의 세력과 함께 끔찍한 독재자가 나타나기 전까지 말이죠.

공산주의가 덮친 캄보디아

캄보디아는 지도에서 왼쪽으로는 태국, 오른쪽으로는 베트남과 맞닿아 있습니다. 국경을 맞대고 있으면 그 나라들과 영향을 많이 주고받을 수밖에

인도차이나반도는 이름 그대로 서쪽으로는 인도,
동쪽으로는 중국과 맞닿아 있고 인도양과 남중국해
사이에 자리해 있다. 인도차이나반도 국가로는
미얀마, 라오스, 태국, 베트남, 캄보디아 등이 있다.

없죠. 불행하게도 캄보디아는 태국, 베트남보다 힘이 약했습니다. 태국은 제국주의 시대에도 프랑스와 영국의 틈바구니에서 독립을 굳건히 지켜 냈고, 베트남은 기나긴 전쟁에도 미국에 굴하지 않았던 나라였습니다. 그 에 비해 캄보디아는 제국주의로 무장한 일본과 거대한 중국 사이에서 눈 치를 봐야 했던 조선 말기의 한반도와 처지가 비슷했습니다.

베트남 전쟁이 한창일 무렵이었습니다. 공산주의자들이 권력을 잡 은 북베트남은 전쟁 물자를 옮기기 위해 캄보디아와 함께 호찌민 루트라 는 것을 만들었습니다. 미국은 이 길을 막는다는 이유로 캄보디아 땅에 폭 탄을 떨어뜨렸습니다. 폭탄은 벼가 익어 가는 들판과 집을 불태우고, 아무 잘못 없는 캄보디아 사람들의 목숨마저 빼앗았습니다. 폭격이 계속되자 캄보디아의 경제는 어려워졌고, 사람들은 왕과 정부에 불만을 품기 시작 했습니다.

> 베트남 전쟁은 남과 북으로 나뉘어 있던 베트남의 통일 과정에서 일어났
> 다. 냉전 시기에 미국은 남베트남 편에 서서 북베트남과 싸웠다. 미군이
> 1973년 베트남에서 물러나면서 전쟁은 마무리되고, 1976년에 베트남 사회
> 주의 공화국이 세워졌다.

이때를 틈타 '붉은 크메르'라는 뜻을 가진 크메르 루주가 힘을 키워 갔습니다. 그들은 미국의 자본주의에 반대하고, 중국을 따라 캄보디아를 공산 국가로 만들고자 했습니다. 결국 1975년에 크메르 루주가 캄보디아 의 정권을 완전히 빼앗고 수도인 프놈펜마저 차지합니다.

최악의 지도자, 폴 포트

앞서 살펴본 보파의 이야기는 캄보디아에서 일어난 비극의 일부일 뿐입니다. 이 끔찍한 비극을 알기 위해 반드시 짚고 넘어가야 할 인물이 있습니다. 바로 극단적인 공산주의자이자 최악의 지도자였던 폴 포트입니다.

캄보디아는 프랑스로부터 독립했지만 정치 상황은 여전히 어지러웠습니다. 이때 미국의 지원을 받은 론 놀 장군이 들고일어나며 캄보디아의 왕이었던 노로돔 시아누크를 쫓아냈습니다. 그런데 론 놀은 자신의 배를 불리기에만 바빴습니다. 미국이 퍼부은 폭탄으로 가족과 집을 잃은 캄보디아 사람들은 자연스레 론 놀보다는 시아누크를 더 지지했지요.

시아누크는 다시 권력을 잡기 위해 론 놀의 반대편에 서 있던 폴 포트와 손을 잡았습니다. 1973년에 미국이 인도차이나반도에서 군대를 철수하자 폴 포트는 캄보디아의 최고 권력자로 올라섰습니다. 캄보디아 사람들은 처음에는 폴 포트를 무척 환영했습니다. 그러나 캄보디아의 악몽은 이때부터였습니다.

폴 포트는 '민주 캄푸치아'라는 국가를 세웠습니다. 그리고 이 국가의 공산주의 정권인 크메르 루주와 함께 1975년부터 1979년까지 캄보디아 인구의 4분의 1에 달하는 약 200만 명을 처형, 굶주림, 질병과 강제 노동으로 죽음에 이르게 했습니다.

놀랍게도 폴 포트는 부유한 집안에서 태어나 서구의 고급 교육을 받은 지식인이었습니다. 프랑스에서 유학 생활을 할 때 공산주의를 처음 접하고 빠져들었지요. 그는 당시 중국을 이끌어 가던 마오쩌둥에게 큰 영향

폴 포트는 수도를 장악하자마자 도로와 공장, 성당 등을
파괴하기 시작했다. 맨 뒤에 보이는 십자가 건물은
당시 무너진 프놈펜 대성당이다.

© Wikimedia Commons; Willuconquer

을 받았습니다. 마오쩌둥은 중국에 공산주의의 기틀을 만드는 데는 성공했지만 **대약진 운동❷**으로 수많은 사람을 굶어 죽게 만든 인물입니다.

> 대약진 운동은 1958년부터 1962년까지 마오쩌둥이 이끈 경제 정책을 말한다. 빠른 경제 성장이 목적이었기 때문에 중국 국민은 모진 노동에 시달려야 했다. 관리자들의 부패와 대기근이 겹치면서 최대 5,000만 명에 이르는 사람들이 굶주림으로 사망했다.

폴 포트는 미국의 폭격으로 쑥대밭이 된 캄보디아를 다시 일으키기 위해서는 개혁이 필요하다고 생각했습니다. 문제는 그 개혁의 방향이 잘못되어도 한참 잘못되었다는 것입니다. 그는 캄보디아 사람들이 중국의 대약진 운동보다 더 열심히 일해서 식량을 생산하게 해야 한다고 생각했습니다. 만약 이 생각에 반대하는 이가 있다면 무겁게 처벌했습니다. 자신의 개혁은 절대 실패하지 않을 것이라 여겼기 때문입니다. 폴 포트는 더욱 강력하게 독재 정치를 펼쳤습니다.

폴 포트의 잘못된 믿음은 캄보디아 사람들의 삶을 망가뜨렸습니다. 그는 정말로 크메르족의 정신으로 새로운 나라를 세우고 싶었는지도 모릅니다. 그러나 자신의 목적을 위해 너무나 많은 사람의 목숨을 빼앗았습니다. 불평등을 없앤다며 의사와 교수 같은 지식인을 죽였을 뿐만 아니라 서구 문화가 나쁜 영향을 준다는 이유로 영화배우와 가수를 비롯한 예술가를 잡아 죽였습니다. 캄보디아에 있던 교육제도와 문화유산을 없앤 것은 물론입니다. 자식들에게는 부모를 버리고 감시하라고 했습니다. 모든 사람이 같은 옷을 입고, 같은 집에 살고, 같은 음식을 먹으면 같은 생각을 하게 될 것이라 믿었습니다.

견디다 못한 사람들은 크메르 루주라면 치를 떨게 되었고, 폴 포트는 훗날 숲으로 쫓겨났습니다. 1998년에 폴 포트는 깊은 숲속에서 숨을 거두었습니다. 수많은 사람을 학살하고 한 나라를 파괴했지만 그 어떤 처벌도 받지 않았습니다. 마지막에 어린 소년병이 그가 재가 되어 사라지는 모습을 지켜봤을 따름입니다.

다름을 금지하라

폴 포트는 3년 8개월 동안 캄보디아를 지배했습니다. 캄보디아 곳곳에 세워진 120여 개의 강제 수용소에서는 잔혹한 고문이 매일같이 이루어졌습니다. 이때 살아남은 사람 중 한 명이 사진기자 디스 프란입니다. 그가 캄보디아를 탈출할 때 들판은 시체로 가득했다고 합니다. 그 모습을 죽음의 들판이라는 뜻에서 '킬링필드'라 표현했지요.

오늘날 킬링필드는 폴 포트가 이끈 크메르 루주 정권이 벌인 학살이자 이때 사람들이 희생된 곳을 일컫습니다. 지금도 캄보디아를 여행하면 곳곳에서 이 킬링필드를 만날 수 있습니다. 수많은 사람의 뼈가 층층이 쌓여 있는 집단 무덤을 말이죠. 아직 발견되지 않은 곳까지 포함하면 집단 무덤은 약 2만 개로 추정된다고 합니다.

폴 포트는 말도 안 되는 일들을 셀 수 없이 저질렀습니다. 그는 모든

프놈펜 외곽에 자리한 대표적인 집단 무덤. 이곳에
묻힌 사람만 100여 명에 달했다. 울타리 위에 올려져
있는 색색의 팔찌들은 이곳을 찾은 사람들이
희생자들을 추모하며 놓고 간 것이다.

ⓒFlickr; Clay Gilliland

국민이 무조건 똑같이 사는 세상을 꿈꿨습니다. 그러기 위해서는 서구 사회에서 들여온 제도를 다 버려야 한다고 생각했습니다. 그는 수도인 프놈펜을 장악하자마자 도시에 살고 있던 사람들을 모두 시골로 내쫓았습니다. 이후에는 화폐를 없애고, 물물교환까지 금지했습니다. 누구든 더 많거나 적게 가져서는 안 되었으니까요.

지식을 쌓는 일에도 마찬가지였습니다. 폴 포트는 학교를 없애고 똑똑한 사람들을 찾아 죽였습니다. 자신의 권력에 위협이 될 외국 대사관을 쫓아내 버렸고, 공항조차 막아 버렸습니다. 방송국과 언론사도 문을 닫아야 했습니다. 여기서 일했던 사람들은 수용소로 보내 버렸습니다.

프랑스 유학 중에 고향에 잠시 들른 맹 오빠는 다시 프랑스로 돌아갈 수 없었습니다. 캄보디아가 크메르 루주의 손아귀에 들어갔기 때문입니다. 우리 가족 중에서 유일하게 안경을 쓰고, 엄마를 닮아 피부가 흰 편이었던 맹 오빠는 크메르 루주가 가장 싫어하는 사람이었습니다. 맹 오빠는 강제 노동으로 피부가 까매지고, 안경을 버린 다음에야 그들의 차가운 눈초리를 피할 수 있었습니다.

오빠는 결코 프랑스에서 공부했다는 사실을 말하지 않았습니다. 가족 모두가 그 비밀을 지켰습니다. 맹 오빠가 프랑스어와 영어를 할 수 있다는 것이 밝혀지면 죽을지도 모르니까요. 맹 오빠의 친구는 길에서 주운 시계를 차고 있다가 수용소에 갇혀 고문을 당했습니다. 시계를 볼 줄 알 정도로 똑똑하면 공산주의에 반대할 수 있다는 게 이유였습니다.

이 글은 생존자의 증언과 자료를 바탕으로 당시 모습을 상상해서 쓴 것입니다. 크메르 루주는 농민이나 육체노동자가 아닌 국민은 완벽한 공산주의 사회를 만드는 데 걸림돌이 된다고 생각했습니다. 그래서 도시 사람들을 집단 농장으로 보내 일을 시켰습니다. 제대로 쉬지도 못하고 매일같이 모진 노동과 굶주림에 시달렸지만 수용소로 보내지거나 죽임을 당하지 않으면 그나마 다행이었습니다.

크메르 루주가 지식인을 걸러 낼 때 기준은 정말 말도 안 되는 것들이었습니다. 먼저 영어를 알거나 안경을 쓰거나 피부가 흰 사람은 지식인으로 여겨졌습니다. 책을 똑바로 들 수 있고 시계를 볼 줄 알아도 마찬가지였습니다.

교사와 의사뿐 아니라 운동선수도 목숨을 잃거나 수용소에 잡혀가 끔찍한 고문을 당했습니다. 당시 희생당한 운동선수만 2,000여 명에 달한다고 합니다. 캄보디아에 더는 누구를 가르치거나 치료할 수 있는 사람이 남아 있지 않았습니다. 사람들은 노래를 듣거나 따라 부를 수도 없었습니다. 자본주의를 상징하는 것이었으니까요. 모든 사람이 똑같은 옷과 신발을 신고 크메르 루주를 따라야 했습니다.

기계 역시 사용이 금지되었습니다. 폴 포트 이전에는 농업이 주요 산업이긴 했지만 공장과 기계도 있었습니다. 하지만 폴 포트는 기계가 자본주의의 물건이라며 사용을 금지했습니다. 기계가 하던 일을 사람의 손으로 하면 된다는 그의 말에 사람들은 죽도록 일해야 했습니다. 일하다가 지쳐서 쓰러진 이들은 필요 없다고 죽이기까지 했습니다. 사람을 생명이 아닌 기계로 여겼던 것이죠.

약자를 위한 전쟁은 없다

이 시기에 이루어진 여성에 대한 폭력은 매우 끔찍했습니다. 폴 포트는 성인 남녀가 서로에게 좋은 감정을 느끼고 만나는 것을 나쁘게 생각했습니다. 그에게 결혼의 목적은 오로지 순수한 크메르족 자손을 만드는 것이었습니다. 그는 대놓고 여성을 사람이 아닌 도구로 취급했습니다.

"15년 안에 캄보디아 인구를 800만 명에서 2,000만 명으로 늘려야 한다. 여성은 아기를 낳기 위해 만들어진 존재이다. 아이를 낳는 것은 여성의 임무다."

크메르 루주의 군인들은 소녀든 할머니든 여성이라면 자기들 마음대로 할 수 있었습니다. 사랑하는 사람과 결혼을 약속한 여성이라 하더라도 군인이 결혼을 요구하면 따라야 했습니다. 그러지 않으면 반역자로 몰려 처형될 수 있었으니까요. 이를 거부했다는 이유로 군인들에게 두들겨 맞고 강제로 결혼하거나 성폭행을 당하기도 했습니다. 목숨을 잃는 일도 많았습니다. 특히 크메르 루주의 군인들은 캄보디아에 살고 있던 소수 민족 여성들에게 더욱 잔인했습니다.

"좋은 아들딸이 되려면 부모를 욕하고 부모에게 명령해야 한다."

충성 교육을 받으러 갔을 때 들었던 말입니다. 나에게는 분명히 엄마와 아빠가 있는데 그들은 더는 나의 부모가 아니니 부모라 부르지 말라고 했습니다. 며칠 후 그들은 내게 집을 떠나 소년병 캠프로 가야 한다고 했습니다.

폴 포트는 글을 읽고, 수를 헤아리고, 음악을 배우는 모든 교육을 금지했습니다. 그리고 아이를 부모로부터 빨리 떨어트려 놔야 한다고 주장했습니다. 어른과 달리 아이는 아직 자본주의에 물들지 않았다는 게 이유였습니다. 10세 미만, 적게는 4~5세 아이들로만 이루어진 부대가 만들어졌습니다. 그중에는 도시에서 쫓겨날 때 부모가 죽어서 혼자가 된 아이도 있었지만 잡혀 온 아이도 있었습니다. 그들은 항상 어른을 감시하도록 교육받았습니다. 만약 누군가 크메르 루주를 거스르는 말을 하면 총으로 쏴서 죽여도 좋다고 배웠습니다.

아이들은 크메르 루주에게 더욱 잔인해지기 위한 훈련을 받았습니다. 새끼 동물을 잡아 고문하고 죽이는 연습을 했다고도 합니다.

폴 포트는 이처럼 수많은 가족을 망가뜨렸을 뿐만 아니라 보호받아야 할 아이들이 손에 무기를 들게 했습니다.

고문실이 된 학교, 투얼슬랭

킬링필드는 정부가 그 나라의 국민에게 저지른 학살이라는 점에서 끔찍합니다. 하지만 소수 민족과 외국인이라고 학살을 비켜 가지는 못했습니다다. 당시 캄보디아에서 10명 가운데 1명은 크메르족이 아니었습니다. 다른 종교와 언어를 가진 민족이 함께 살아가고 있었지요. 학살의 칼날은 그들에게도 향했습니다. 이 시기에 약 30만 명에 이르는 소수 민족이 죽임을 당했습니다.

캄보디아보다 큰 나라인 베트남 사람이라고 예외는 아니었습니다. 크메르 루주는 아내가 베트남 사람이면 남편에게 아내를 죽이라고 명령했습니다. 명령을 따르지 않으면 함께 죽어야 했습니다. 크메르 루주는 국경을 넘어 베트남을 침략하기도 했습니다. 이에 분노한 베트남이 1978년에 캄보디아로 쳐들어왔습니다. 한 달 만에 수도인 프놈펜을 베트남에 빼앗기자 크메르 루주와 폴 포트는 도망쳤습니다. 비록 다른 나라의 침략이 원인이 되었지만 캄보디아의 악몽에 끝이 보이는 듯했습니다.

캄보디아를 침략한 베트남은 그럴듯한 핑계를 찾아야 했습니다. 마침 폴 포트가 저지른 악행은 좋은 방패막이 되었습니다. 베트남은 폴 포트가 S-21 보안감옥이라는 이름으로 운영한 투얼슬랭을 세상에 알렸습니다. 전 세계는 이곳에서 이루어진 끔찍한 고문과 학대에 입을 다물지 못했습니다.

캄보디아에서는 이후에도 총과 칼이 부딪히는 싸움이 계속해서 이어졌습니다. 유엔을 비롯한 국제 사회의 개입으로 1991년에 20여 년에 걸친 **캄보디아 내전**❓이 끝나고, 1993년에는 왕이 법의 제약을 받는 입헌군주제 국가가 세워졌습니다. 그리고 1997년에 폴 포트가 자신의 부하에게 체포되어 집 안에 갇혔지만, 1년이 지나고 어떤 죗값도 치르지 않은 채 세상을 떠났습니다.

철로 만든 침대 위에 고문에 쓰인 도구와 탄약 상자가
놓여 있다. 투얼슬랭은 프놈펜의 한 고등학교를
개조한 곳으로, 수많은 사람이 갇혀
끔찍한 고문을 당했다.

> ❗ 캄보디아 내전은 1967년 크메르 루주와 론 놀의 크메르 공화국이 벌인 권력 다툼에서 시작되었다. 1975년에 크메르 루주가 캄보디아를 차지했으나 1979년에 베트남의 꼭두각시 정권인 캄푸치아 인민공화국이 들어섰고 전쟁은 1991년까지 계속되었다.

잘못된 믿음을 가진 사람이 지도자가 되면 나라가 어떻게 되는지, 우리는 캄보디아의 킬링필드를 보며 배울 수 있습니다. 폴 포트는 4년도 안되는 시간 동안 캄보디아를 100년 전으로 되돌려 놓았습니다. 그리고 전체 인구의 4분의 1을 없애 버렸습니다. 그는 죽는 순간까지 자신의 잘못을 뉘우치지 않았다고 합니다. 오히려 자신은 캄보디아를 강한 나라로 만들기 위해서 최선을 다했다고 믿었습니다.

총칼이 지나간 자리에 남은 것

캄보디아에는 수많은 집단 무덤이 킬링필드라는 이름으로 남아 있습니다. 폴 포트의 독재는 40여 년 전에 끝이 났지만, 캄보디아에서는 아직도 비가 쏟아지는 날이면 땅속의 유골이 모습을 드러냅니다. 눈에 보이는 끔찍한 죽음만이 있었던 것은 아닙니다. 캄보디아의 문화와 정신, 역사는 킬링필드를 기점으로 돌이킬 수 없을 만큼 망가졌습니다. 전쟁과 학살의 그림자는 여전히 캄보디아 사람들을 괴롭히고 있습니다. 대표적인 예가 지뢰입니다.

베트남 전쟁이 한창이던 무렵, 캄보디아 땅은 미국의 폭탄과 주변국 군인이 뿌린 지뢰로 뒤덮였습니다. 베트남의 지원으로 폴 포트가 쫓겨나고 캄보디아에 캄푸치아 인민공화국이 세워진 뒤에도 상황은 더욱 나빠졌습니다. 미국과 중국은 베트남을 견제하기 위해 크메르 루주를 계속 지원했습니다. 그 힘을 등에 업은 크메르 루주는 캄푸치아 인민공화국 정부와 기나긴 내전을 이어 갔습니다. 이 시기에 수없이 많은 지뢰가 캄보디아 곳곳에 다시 뿌려졌습니다. 오늘날 캄보디아에서 지뢰로 피해를 입은 사람은 290명 중 1명이라고 합니다. 전 세계에서 지뢰 피해자가 가장 많은 나라가 된 것이죠.

킬링필드는 캄보디아의 문해율에도 큰 영향을 미쳤습니다. 폴 포트의 눈에 교육은 서구 자본주의를 배우는 제도에 지나지 않았습니다. 그래서 학교를 없애고, 글을 읽고 쓸 줄 알면 모조리 죽였지요. 킬링필드 이후 캄보디아에서 살아남은 교사는 거의 없었습니다. 가르칠 사람이 없어지자 배우고 싶어도 배울 수 없는 상황이 되었습니다. 오늘날 캄보디아의 교사 중 제대로 된 교육을 받은 사람이 거의 없는 것은 이 때문입니다.

21세기가 시작되기 전까지 캄보디아에서 글을 모르는 비문해자의 비율은 전체 인구의 60% 수준에 이르렀습니다. 이는 심각한 문제를 불러일으켰습니다. 경제나 정치 분야에서 나라를 이끌어 갈 인재가 나오지 못했기 때문입니다. 이는 결국 국가가 발전하는 데 발목을 잡았습니다. 다행히 국제기구와 인권단체의 도움으로 2022년 캄보디아의 비문해자 비율은 16% 정도까지 낮아졌습니다.

캄보디아 땅속에 묻혀 있는 지뢰.
캄보디아 시골에는 아직도 어딨을지 모르는
지뢰 때문에 농사지을 땅이 부족하다고 한다.

마지막으로 캄보디아 사람들은 강제 이주와 학살로부터 살아남기 위해 뿔뿔이 흩어져야 했습니다. 그중 일부는 다른 나라로 탈출했습니다. 이렇게 헤어진 가족들은 계속된 내전과 불안한 정치 상황으로 다시 만나기 어려웠습니다. 지금도 캄보디아에서는 수많은 사람이 자신의 가족을 찾고 있습니다. 내 가족이 어디에 살고 있는지, 내가 누구인지도 모른 채로 살아가는 이들이 수두룩합니다. 뒤늦게나마 여러 국가와 시민단체의 도움으로 헤어진 가족의 기록을 조사하고 있다고 하니 다행이지요.

처벌받지 않은 자들

수많은 사람의 목숨을 빼앗고 가족을 갈라놓은 킬링필드는 폴 포트 혼자 힘만으로 이루어지지 않았습니다. 폴 포트와 뜻을 함께한 정부 고위직은 물론, 사람들을 고문하고 처형한 크메르 루주의 군인이 그 뒤에 있었습니다. 유럽의 전범 재판소에서는 지금도 유대인을 학살한 나치를 찾아내 재판하고 있습니다. 킬링필드의 경우는 어땠을까요? 가해자들이 처벌받았을까요?

학살을 이끈 폴 포트는 알다시피 죗값도 치르지 않은 채 죽어 버렸습니다. 그는 권력을 잃고도 남은 군대로 치고 빠지며 싸우는 작전을 펼쳐 캄보디아 사람들을 위험에 빠트렸습니다. 그가 사망한 원인은 집에서 잠을 자다가 일어난 심장 마비였습니다. 그때 그의 나이는 72세였지요.

지난 2022년, 우리나라 돈으로 4,000억 원을 넘게 들인 16년간의 킬링필드 전범 재판이 마무리되었습니다. 그 결과로 폴 포트의 오른팔이자 2인자였던 누온 체아, 크메르 루주의 고위 지도층이자 조력자였던 키우 삼판, 투얼슬랭 소장에게 평생 감옥에 갇혀 지내는 종신형이 선고되었습니다. 이렇게 유죄를 받은 3명 외에 제대로 처벌받거나 책임을 진 사람은 아무도 없습니다. 나치가 유대인을 학살한 시기보다 훨씬 뒤에 일어났고, 아직 그 가해자들이 살아 있음에도 제대로 된 처벌이 이루어지지 않고 있는 것이지요.

이뿐만이 아닙니다. 지금 캄보디아를 이끌어 가는 정치인과 행정가 중에는 당시 크메르 루주에 들어가 학살을 도운 이들이 있다고 합니다. 일제 강점기에 독립운동가들을 괴롭혔던 친일파가 광복 후에는 경찰이 되어 민주주의를 위해 싸운 사람들을 잡아들인 우리 역사를 떠올리게 합니다. 수십 년에 걸친 캄보디아의 슬픈 역사 뒤에는 중국과 미국이라는 거대한 국가의 보탬이 있었지만 그들 역시 지금까지 어떤 사과의 말도 없습니다. 오히려 역사 속에서 캄보다아의 비극을 감추려고만 했습니다.

우리는 다른 사람의 슬픔에 같이 아파하고 실수를 통해 배우며 나아갈 수 있습니다. 학살로 세상을 떠난 이들을 기억하는 것은 우리 모두가 할 수 있는 일입니다. 캄보디아의 이야기를 담은 이 기록이 같은 비극을 막고 그 땅의 슬픔이 마르는 데 작게나마 도움이 되기를 바랍니다.

6장

보스니아 헤르체고비나, 사라예보 포위전

1,425일 동안의 도시 감옥

#유럽의_화약고 #저격수의_거리

제 이름은 사라, 사라예보에 갇힌 시민입니다

"사라, 우리는 오늘 밤 외삼촌네 집으로 갈 거야. 가장 아끼는 것들을 가방에 넣으렴"

사라는 아침에만 벌써 수십 번의 총소리를 들었습니다. 방금은 이웃집 남자애가 다리를 다쳤다는 이야기를 엄마에게 전해 들었습니다. 같은 학교를 다녔지만, 얼굴만 알고 지내던 아이였습니다.

그 아이는 통조림을 열다가 손을 베인 후 제대로 치료받지 못해 팔전체가 퉁퉁 부었다고 했습니다. 옆집 아줌마는 결국 남자애를 데리고 '저격수의 거리'로 나갔습니다. 높은 건물 곳곳에 몸을 숨긴 저격수들이 지나가는 사람들에게 총을 쏘아 대는 곳이었습니다. 아들을 살려야 한다는 생각에 아줌마는 위험을 무릅썼습니다. 남자애는 다행히 병원에 가서 치료를 받을 수 있었지만 돌아오는 길에 그만 다리에 총을 맞았습니다.

저격수의 거리에서 총소리가 나면 사람들은 사냥감이 된 것처럼 몸을 낮추고 되도록 빨리 뛰어가야 합니다. 그래야만 빗발치는 총알로부터 목숨을 구할 수 있기 때문입니다. 사라는 옆집 남자애가 팔만 멀쩡했다면 더 빨리 뛰어서 다치지 않았을지도 모른다고 생각했습니다.

4월의 어느 날, 총을 든 사람들이 탱크를 몰고 사라예보를 에워쌌습니다. 사라는 가족과 함께 도시에 꼼짝없이 갇히고 말았습니다. 그날 이후로 모든 것이 변했습니다. 사라는 학교에 갈 수 없었습니다. 근처에 사는 대학생 외삼촌이 가끔 사라의 공부를 봐주는 것으로 만족해야 했습니다. 어느 날부터인가 수돗물이 끊기고, 전기도 들어오지 않았습니다. 사라의 가족은 창고에 처박혀 있던 손전등과 양초를 꺼냈고 빗물을 받아 마시기 시작했습니다.

대학에서 학생을 가르치는 아빠와 약사인 엄마 덕에 사라의 가족은 사라예보에서도 꽤 큰 집에 살 수 있었습니다. 사라는 빨간 지붕에 큰 대문이 있는 이 집을 좋아했습니다. 사라의 가족이 오늘 밤 외삼촌의 집으로 가야 하는 이유는 바로 이 집 때문이었습니다.

음식과 연료가 떨어진 도시에서 몇몇 사람이 집을 털기 시작했습니다. 집에 사람이 있어도 상관없었습니다. 그들이 가장 먼저 노린 곳은 큰 집들이었습니다. 사라의 아빠는 이미 강도가 든 집처럼 보이기 위해서 멀쩡한 창문을 떼어 내고 커튼을 뜯었습니다. 마당에는 일부러 불을 질러 잔디를 검게 그을렸습니다.

그러나 그것도 잠시뿐이었습니다. 며칠 전, 강도가 사라네 집으로 들어오려 한 일이 있었습니다. 사라의 아빠는 가지고 있던 총으로 그들을 쫓아 버렸지만, 강도가 또 언제 올지 모르니 집을 떠나야 한다고 했습니다.

그날 이후로 아빠는 외삼촌, 외할아버지와 함께 집에 있는 물건들을 밤마다 가지고 나갔습니다. 사람들이 모이는 곳에서 필요한 물건과 바꾸기 위해서였습니다. 그렇게 얻은 총알과 라이터, 기름, 술 등은 외삼촌의 집으로 옮겨 두었습니다.

사라는 마지막으로 보았던 영화표와 친구에게 생일 선물로 받은 필통과 엽서를 가방에 넣었습니다. 이 끔찍한 악몽이 언제 끝날지는 엄마 아빠에게 물어도 대답을 들을 수 없었습니다.

작지만 신비롭고 복잡한 나라

헝가리, 체코 등 동유럽에는 고대 문화유산을 간직한 나라들이 꽤 있습니다. 여행 상품을 파는 홈쇼핑 방송에서도 곧잘 '동유럽 3국', '발칸 3국'이라 하며 아름다운 풍경이 따라 나오곤 합니다. 대개 고풍스러운 건축물과 오래된 벽돌 길, 유유히 흐르는 작은 강, 그림 같은 집들이 펼쳐지지요. 지도에서 오스트리아, 헝가리, 크로아티아를 따라 내려오면, 보스니아 헤르체고비나라는 나라를 찾을 수 있습니다. 긴 이름만큼이나 복잡한 역사와 문화를 가진 곳입니다.

보스니아 헤르체고비나는 지중해와 이어지는 아드리아해를 끼고 길쭉하게 뻗은 크로아티아와 세르비아 사이에 자리해 있습니다. 작은 나라이다 보니 여러 나라와 민족이 이곳을 거쳐 갔습니다. 그래서 중세 이후 기독교가 둘로 나뉘며 만들어진 서유럽의 가톨릭 문화와 동유럽의 정교회 문화가 함께 스며 있습니다. 거기에 오스만 제국의 지배를 받을 때 만들어진 이슬람 문화가 더해져 다채로운 매력을 풍깁니다. 오늘날 이곳에서는 이슬람교 예배당인 둥근 지붕의 모스크와 하늘을 찌를 듯 뾰족하게 솟은 고딕 양식의 대성당을 함께 볼 수 있습니다.

그곳에 사는 사람들의 의지와는 상관없이 보스니아 헤르체고비나를 지배하는 나라는 여러 차례 바뀌었습니다. 19세기 말에는 오스트리아-헝가리 제국의 지배를 받았습니다. 결국 제2차 세계대전을 거친 후, 여러 나라가 '유고슬라비아 연방'이라는 이름으로 뭉칠 때 보스니아 헤르체고비나도 여기에 함께하게 됩니다. 당시는 미국을 중심으로 하는 자본주의 진

영과 소련을 중심으로 하는 공산주의 진영이 매섭게 부딪치던 냉전 시기였습니다. 이때 유고슬라비아 연방이 둘 사이에서 중간 지대와 같은 역할을 했습니다. 덕분에 1984년에 보스니아 헤르체고비나는 수도인 사라예보에서 공산주의 국가로는 처음으로 세계인의 겨울 스포츠 축제인 동계 올림픽을 열 수 있었습니다.

그런데 이렇게 수많은 문화와 종교, 민족이 뒤엉킨 역사 때문이었을까요? 보스니아 헤르체고비나는 20세기의 끝에 또 다른 혼란 속으로 깊이 빠져들게 됩니다.

유럽의 화약고, 발칸반도

보스니아 헤르체고비나는 발칸반도에 위치해 있습니다. 발칸반도는 서유럽과 동유럽의 가운데에 있는 땅입니다. 다양한 역사와 문화를 지닌 사람들이 살아가고, 일찍이 동서양 교류가 이루어졌기에 여러 종교가 나타나는 곳이지요. 대표적으로 이슬람교, 동방 정교회, 가톨릭교가 있습니다. 발칸반도는 이렇게 민족과 문화, 종교가 복잡하게 뒤섞여 있다 보니 크고 작은 소동이 끊이지 않는 곳이기도 합니다. 괜히 '유럽의 화약고'라 부르는 게 아니지요. 세계사에 획을 그은 사건도 이곳에서 여러 번 발생했습니다.

19세기의 발칸반도는 거대한 제국주의 국가들의 힘 아래 있었습니다. 그중에서도 오스만 제국은 그리스와 보스니아 헤르체고비나를 지배하고 있었죠. 그러다가 '차르'라 부르는 황제가 다스리던 러시아 제국과의 전

발칸반도는 다양한 국가와 민족이 얽혀 있는 곳인 만큼
충돌이 잦아 '유럽의 화약고'라는 별명이 붙었다.

쟁에 지면서 발칸반도에 있던 많은 식민지를 잃게 됩니다. 루마니아, 세르비아, 불가리아 등이 이때 독립한 나라들입니다. 보스니아 헤르체고비나는 오스만 제국의 영토로 남아 있긴 했지만, 사실상 오스트리아-헝가리 제국의 영토나 다름없었습니다.

오스트리아-헝가리 제국과 러시아 제국이 발칸반도에서 힘을 키우면서 상황은 심각해지기 시작했습니다. 두 제국의 대립이 나날이 심해지는 가운데, 유럽에 민족주의가 퍼지면서 민족마다 **자결권**❷을 부르짖게 됩니다. 세르비아 역시 이 영향을 받았습니다. 러시아 제국은 이런 세르비아를 부추기며 오스트리아-헝가리 제국을 위협했습니다. 결국 이는 사라예보를 방문한 오스트리아-헝가리 제국의 황태자 프란츠 페르디난트가 암살당하는 결과로 이어졌습니다.

자결권이란 한 민족이 다른 민족이나 나라의 간섭 없이 자신의 운명을 스스로 정할 권리이다. 민족의 독립과 통일을 가장 중시하는 민족주의에서 비롯된 개념으로, 미국의 대통령이었던 토머스 우드로 윌슨이 내세웠다. 한국의 3·1운동을 비롯해 수많은 나라가 이 영향을 받아 일어났다.

암살을 벌인 사람은 세르비아의 청년 민족주의자였습니다. 겉으로 보기에는 강대국에 맞선 약소국 청년으로 보였지만, 그 뒤에는 오스트리아-헝가리 제국과 러시아 제국이라는 두 나라의 힘 싸움이 있었습니다. 지금의 독일이 된 프로이센의 총리였던 오토 폰 비스마르크는 이런 발칸반도의 긴장 상태에 대해 다음과 같이 이야기했습니다.

사라예보를 방문한 오스트리아-헝가리 제국의
황태자 부부. 앞선 수류탄 폭발로 다친 사람들을
위로하기 위해 병원으로 향하던 황태자 부부는
단 두 발의 총알로 그 자리에서 사망했다.

"지금의 유럽은 화약고이고, 지도자들은 무기고 위에서 담배를 피우고 있습니다. 그 작은 불씨 하나가 우리 모두를 집어삼킬 전쟁을 일으킬 것입니다. 언제 폭발할지는 모르지만, 어디서 일어날 건지는 말해 줄 수 있습니다. 발칸에서 저주받을 바보짓이 폭발을 일으킬 것입니다."

비스마르크의 예언처럼 그날 황태자를 겨눈 세르비아 청년의 총소리는 제1차 세계대전의 시작을 알리는 신호탄이 되었습니다. 오스트리아-헝가리 제국은 이 사건을 빌미로 삼아 세르비아로 쳐들어갔고, 세르비아를 지지하던 러시아 제국도 전쟁에 뛰어들었습니다. 결국 이 전쟁은 독일, 오스만 제국, 이탈리아, 프랑스, 영국 등 다양한 국가가 얽히고설킨 제1차 세계대전이 되었습니다.

제1차 세계대전을 거치며 복잡하게 나뉘어 있던 발칸반도의 국가들은 '유고슬라비아 왕국'으로 뭉쳤습니다. 전쟁에서 진 오스트리아-헝가리 제국은 발칸반도에서 물러났지만, 러시아 제국이 무너지고 사회주의 세력이 세운 소련과 독일이 그 자리를 차지했습니다. 1939년에 일어난 제2차 세계대전이 독일의 패배로 끝나자 이번에는 발칸반도에서 독일이 물러났습니다. 마지막으로 남은 소련은 계속 발칸반도를 마음대로 주무르려 했습니다. 그리고 이때 보스니아 헤르체고비나를 비롯한 발칸반도의 나라들이 뭉쳐 '유고슬라비아 연방'이 만들어졌습니다.

발칸반도에 또다시 긴장감이 돈 것은 유고슬라비아 연방을 이끈 요시프 브로즈 티토가 사망하면서부터였습니다. 마침 **석유 파동**❷으로 세계 경제가 어려워지고 있던 상황에서 중심을 이루던 지도자가 사라지자 억눌려 있던 민족주의가 다시 고개를 들기 시작했습니다. 이후 1991년부터 2001년까지 슬로베니아와 크로아티아를 시작으로 곳곳에서 전쟁이 벌어지며 발칸반도는 불길에 휩싸였습니다.

> 석유 파동은 1970년대 중동에서 벌어진 이스라엘과 아랍권 국가들의 대립으로 시작되었다. 아랍권 국가들은 이스라엘의 숨통을 조이기 위해 석유의 생산량을 줄이고 가격을 올렸는데 이는 에너지 위기와 물가 상승으로 이어지며 세계 경제가 얼어붙었다.

한 지붕 세 민족

강력한 지도자 아래 하나로 묶여 있던 발칸반도의 나라들은 저마다 독립을 선언하며 연방을 나갔습니다. 그 과정이 수월하지는 않았습니다. 무력충돌이 잇따랐고 민간인이 희생되기도 했습니다. 그중에서도 잔인한 내전이 벌어진 곳은 가장 먼저 독립을 외친 슬로베니아가 아니라 보스니아 헤르체고비나였습니다. 그 이유는 보스니아 헤르체고비나를 이루는 민족 비율에 있습니다.

세르비아는 세르비아계가 인구의 88%를 차지했고, 크로아티아는 크로아티아계가 78%를 차지하고 있었습니다. 이렇게 한 민족이 다수를 이루는 경우에는 민족 갈등이 큰 사회문제가 되지 않는 편입니다. 이와 달리 보스니아 헤르체고비나는 이슬람교를 믿는 보스니아계가 약 43%, 동방 정교회를 믿는 세르비아계가 약 31%, 가톨릭을 믿는 크로아티아계가 약 17%였지요. 세 민족 가운데 어느 민족도 절반을 넘지 않았습니다.

보스니아계와 크로아티아계 사람들은 주로 유고슬라비아 연방으로부터 독립해야 한다고 생각했습니다. 반면에 유고슬라비아 연방의 중심을 이루던 세르비아계 사람들은 독립에 반대했습니다. 종교를 바탕으로 한 민족 사이의 갈등이 불거지는 가운데, 독립을 묻는 국민 투표가 실시되었습니다. 세르비아계 사람들은 투표를 거부하며 보스니아 헤르체고비나 안에서 자신들만의 나라를 선포했습니다. 결국 투표는 보스니아계와 크로아티계 사람들을 중심으로 치러졌고, 약 99%의 찬성률로 독립이 결정되었습니다.

독립에 대한 국제 사회의 승인이 이루어지던 1992년 4월, 세르비아계 사람인 라도반 카라지치가 민병대를 이끌고 사라예보를 에워쌌습니다. 그들은 이제 막 독립한 보스니아 헤르체고비나에 전쟁이라는 먹구름을 드리우기 시작했습니다.

감옥이 된 도시, 사라예보

카라지치가 이끄는 세르비아계 민병대는 사람들이 사라예보를 벗어날 수 없도록 먼저 발을 꽁꽁 묶었습니다. 그들은 사라예보 국제공항을 폐쇄했습니다. 외국으로부터 물자를 지원받거나 사람이 오가는 것을 막기 위해서였습니다. 그리고 육지로 이동할 수 있는 모든 곳에 민병대를 보내 감시했습니다. 사라예보는 70%가 산으로 둘러싸여 있는 탓에 밖으로 나갈 수 있는 길이 한정돼 있습니다. 밖에서 적이 쳐들어올 때는 훌륭한 요새를 만들어 주던 산들이 거대한 감옥의 쇠창살처럼 변한 것입니다.

보통 민병대라고 하면 군사 교육이나 훈련을 받지 않은 민간인으로 이루어진 부대를 말합니다. 그러나 세르비아계 민병대는 달랐습니다. 민병대원만 1만 3,000여 명에 이르렀고, 강력한 무기를 갖춘 상태였습니다. 세르비아가 전쟁 준비를 도와줬기 때문입니다. 반면에 보스니아 헤르체고비나의 사람들은 아무런 준비도 되어 있지 않았습니다. 그들이 할 수 있는 일은 팻말을 들고 평화 시위를 하는 것뿐이었습니다. 약 10만 명이 거리에 모였고 "절대 보스니아 헤르체고비나를 내어 주지 않겠다"라고 외치며 행진했습니다.

민병대는 이들에게 총을 쏘기 시작했습니다. 시위가 벌어지던 첫날, 맨 앞에서 행진하던 두 여성이 총을 맞고 쓰러졌습니다. 한 명은 두 아이의 엄마 올가였고, 또 한 명은 의과대학을 다니던 학생 수아다였습니다. 그날 울려 퍼진 총소리는 긴 전쟁의 시작을 알렸습니다.

1992년 4월부터 1996년 2월까지 1,425일 동안 계속된 사라예보 봉쇄는 역사에서 가장 긴 도시 포위전으로 남아 있습니다. 이는 제2차 세계대전 당시 독일이 872일 동안 러시아의 레닌그라드^{오늘날 상트페테르부르크}를 포위해 300만 명 가까이가 목숨을 잃은 사건 이래로 최악의 도시 봉쇄였습니다.

평화 시위에 앞장섰던 수아다와 올가가 죽은 곳.
오늘날 이 다리는 희생자의 이름을 따서
'수아다와 올가의 다리'라 불린다.

저격수의 거리

민병대는 사람들이 생활하던 높은 건물을 빼앗았습니다. 그곳에 자리 잡은 저격수는 길거리를 지나는 사람들에게 총부리를 겨누었습니다. 거리는 시민이 아닌 저격수를 위한 곳이 되었습니다. 그들은 24시간 내내 거리로 나서는 사라예보 시민들을 마치 사냥하듯 총을 쏘아 댔습니다. 어른이나 아이 할 것 없이 모두 그들의 사냥감이 되었습니다. 3년 넘게 이어진 무차별 총격과 포격으로 목숨을 잃은 사람만 1만 명을 넘었습니다. 그중 1,600여 명이 어린아이였습니다.

어디서 총알이 날아올지 모르지만 사람들은 거리로 나갔습니다. 병원, 은행 등이 있는 시내로 가기 위해서였습니다. 봉쇄된 도시 안에서도 사람들은 꿋꿋이 살아갔습니다. 먹고살려면 일해야 했고, 치료를 받으려면 병원에 가야 했기 때문입니다. 사람들은 살기 위해 무조건 뛰었습니다. 유엔 평화유지군이 가져온 탱크가 방패가 되어 총알을 막아 주기도 했지만 그렇다고 안전한 것은 아니었습니다. 저격수들이 누구에게든 서슴없이 총을 쏘아 대는 바람에 평화유지군이 죽는 일도 있었으니까요.

사람을 사냥한다고 표현할 정도로 민병대가 사라예보 시민들에게 마구잡이로 총부리를 겨눈 이유는 비용에 있기도 했습니다. 주변국의 지지도, 그럴듯한 구실도 없는 상황에서 민병대는 전쟁을 오래 끌 여건이 되지 않았습니다. 그들은 하루빨리 전쟁을 끝내고 보스니아 헤르체고비나를 차지하고 싶었습니다. 그래서 떠올린 방법이 시민들을 겁줘서 항복을 받아 내는 것이었죠. 그러나 사라예보 시민들은 결코 넘어가지 않았습니다.

1995년 저격수의 거리를 지나가는 유엔 장갑차.
사라예보 시민들은 평화유지군의 차량을 방패 삼아
이 길을 지났지만 총알을 모두 피할 수는 없었다.

ⓒWikimedia Commons; Paalso

생명을 향한 위협은 길거리에만 있지 않았습니다. 민병대는 일부러 사람이 모여 있는 곳을 골라 공격하기도 했습니다. 그중 한 곳이 바로 마르칼레 시장입니다. 1994년 2월, 사람들이 가득한 마르칼레 시장에 폭탄이 떨어졌습니다. 68명이 그 자리에서 죽었고, 200명 넘는 사람이 다쳤습니다. 공격은 1995년 8월에 또다시 일어났습니다. 그들의 눈에 사라예보 시민은 자신들과 같은 사람이 아니었습니다. 다른 종교를 가진 민족은 그저 없애 버리면 그만인 존재였습니다.

굶주림을 뚫은 희망의 터널

3년 8개월 동안의 도시 봉쇄가 가져온 또 다른 고통은 다름 아닌 굶주림이었습니다. 물과 전기는 물론이고 먹을 것조차 구하기 어려웠습니다. 매일 계속되는 공격으로 다쳐도 제대로 치료받지 못해 죽는 일이 흔했습니다. 사람들은 산에 있는 나무뿐만 아니라 집에서 태울 수 있는 것이라면 모두 불태워 추위를 견뎠습니다. 바닥에서 나무를 떼어 내고 커튼을 뜯어 냈습니다. 돈은 큰 의미가 없었습니다. 사람들은 폭격으로 무너진 체육관에 모여 물물교환을 하며 필요한 물건을 구했습니다. 주로 양초, 라이터, 기름, 통조림 같은 것들이었습니다.

사라예보에 갇힌 사람들이 배고픔과 추위에 지쳐 갈 때쯤 기쁜 소식이 전해졌습니다. 사라예보가 봉쇄된 지 1년이 조금 지난 무렵, 희망의 터널이 만들어진 것입니다. 당시 유엔에서 보낸 평화유지군이 사라예보 국제공항에 머무르고 있었습니다. 사람들은 공항과 가까운 집을 통해 공항을 지나 건너편으로 연결되는 지하 통로를 만들기 시작했습니다. 집주인은 선뜻 자신의 집을 내주었습니다.

4개월 동안 사라예보 사람들은 쉬지 않고 땅을 팠습니다. 그렇게 안전지대로 이어지는 약 780m 길이의 터널이 만들어졌습니다. 전쟁이 끝날 때까지 이 터널로 수많은 물품과 사람이 오갔습니다. 말 그대로 '희망의 터널'이었지요. 터널을 통해 옮겨진 음식만 550만 킬로그램이었습니다. 다친 사람들은 바깥 병원으로 옮겨져 치료를 받거나 필요한 의약품을 전해 받았습니다. 만약 희망의 터널이 없었다면 더 많은 사람이 죽거나 다쳤을 것입니다. 희망의 터널은 그 자체로 사라예보 사람들에게 살아갈 힘과 전쟁에 맞설 용기를 주었습니다.

또 다른 학살, 스레브레니차

공격의 대상은 사라예보만이 아니었습니다. 끔찍한 학살이 보스니아 헤르체고비나 곳곳에서 일어났습니다. 그중 한 곳이 스레브레니차입니다. 1995년 7월, 세르비아계 민병대는 보스니아 헤르체고비나의 국경 가까이에 있는 스레브레니차로 들이닥쳤습니다. 당시 스레브레니차는 이슬람교를 믿는 사람이 많이 사는 곳이었습니다. 유엔 평화유지군은 사람들을 보호하기 위해 그곳을 안전지대로 선포했지만 민병대는 이를 무시했습니다. 결국 사람들은 살기 위해 스레브레니차를 떠날 수밖에 없었습니다.

희망의 터널이 시작되는 집.
벽을 보면 곳곳에 총알과 폭탄이 남긴 흔적이 보인다.
오늘날 이곳은 박물관으로 쓰인다.

희망의 터널 안. 사라예보 사람들은 살기 위해
좁고 컴컴한 터널에서 수레에 물자를 실어 날랐다.
터널은 공항 아래를 지나 공항 반대편으로 통한다.

피난민 무리에 끼지 못한 사람들은 급한 대로 네덜란드에서 온 평화유지군을 따라갔습니다. 그러나 네덜란드 평화유지군은 제대로 저항조차 하지 못한 채 자신들만 겨우 스레브레니차를 빠져나왔다고 합니다. 포로로 잡힌 동료의 목숨을 구하기 위해 피난민들을 민병대에게 넘겨주기까지 했습니다.

평화유지군이 떠나고 스레브레니차에 남겨진 사람들은 꼼짝없이 민병대의 먹이로 던져졌습니다. 곳곳에서 비명이 터져 나왔습니다. 아이와 여성, 노인이라고 죽음을 피해 갈 수는 없었습니다. 이때 희생된 사람의 수만 공식적으로 8,000여 명입니다. 민병대는 증거를 없앤다며 시체를 중장비로 밀어 버리거나 땅속에 마구잡이로 묻어 버렸습니다. 그 탓에 희생자 가운데 1,000여 명은 지금까지 누구인지조차 알 수 없습니다.

이 밖에도 보스니아 헤르체고비나 북쪽에 자리한 프리예도르 지역에서는 약 3,000명이 목숨을 잃었습니다. 토마시차라는 마을에서도 최대 1,000명에 이르는 희생자가 발생한 것으로 보입니다. 그들은 사람들이 죽을 때까지 고통스럽게 괴롭혔습니다. 학살의 형태는 다양한 방식으로 이루어졌고, 수많은 이들이 흘린 피와 눈물이 땅을 적셨습니다.

끝난 것과 끝나지 않은 것

마르칼레 시장에 떨어진 폭탄은 전 세계에 충격을 주었습니다. 수많은 사람이 무차별 공격으로 목숨을 잃은 이 사건을 계기로, 세계는 움직이기 시작했습니다. 북아메리카와 유럽 등 서방 국가들의 군사 동맹인 나토^{NATO}가 나선 것이지요. 1995년 8월 30일부터 약 한 달 동안 나토의 전투기들은 민병대가 흩어져 있는 곳곳에 공격을 퍼부었습니다.

민병대는 이 상황에서도 평화유지군 포로를 방패막이로 내세웠습니다. 이 일로 나토 회원국들은 분노했고, 보스니아 헤르체고비나와 크로아티아의 연합 군대가 민병대를 향한 공격에 힘을 보태게 됩니다. 그리고 1995년 12월 14일, 미국에서 평화협정이 맺어지면서 이 끔찍한 전쟁은 끝을 맺었습니다.

모든 전쟁은 파괴와 함께 일어납니다. 보스니아 헤르체고비나는 공산주의 국가로는 처음으로 동계 올림픽을 열 만큼 발전된 나라였지만, 전쟁을 겪으며 경제가 반 토막이 나고 말았습니다. 정치 상황 역시 곳곳에 남아 있는 총알 자국처럼 혼란스럽습니다. 오늘날 보스니아 헤르체고비나는 각 민족을 대표하는 대통령 3명이 4년 동안 번갈아 가며 나라를 통치합니다. 게다가 한 국가 안에서도 보스니아계와 크로아티아계가 지배하는 지역과 세르비아계가 지배하는 지역이 나뉘어 있습니다. 갈등의 불씨가 여전히 남아 있는 것이지요.

그나마 20세기 말에 일어난 학살이었기에 가해자들은 대부분 전범 재판에 섰습니다. 발칸의 도살자라고 불린 슬로보단 밀로셰비치는 재판을 받던 2006년에 감옥에서 죽음을 맞았습니다. 민병대를 만들어 그들에게 학살을 지시한 라도반 카라지치는 숨어 살다가 2008년에 붙잡혀 종신형을 선고받았습니다. 스레브레니차 학살을 이끈 라트코 믈라디치 역시 종신형을 받고 현재 감옥에 있습니다.

그들이 저지른 잘못에 비하면 남은 삶을 감옥에서 편하게 보낸다고 생각할 수도 있습니다. 하지만 역사 속 수많은 가해자들은 이런 재판조차 제대로 받지 않았습니다. 이들의 범죄를 역사에 남겨 계속 기억해야 하는 이유는 살아남은 이들의 고통이 아직도 끝나지 않았기 때문입니다.

세계 시민이라면 당연한 일

4년 가까이 되는 시간 동안 보스니아 헤르체고비나에서 일어난 일들은 전쟁의 민낯을 보여 주었습니다. 40여 년 전, 전쟁에서 민간인을 보호하기 위해 만들어진 **제네바 협약**이 헛수고가 된 순간이었습니다.

> 제네바 협약은 전쟁으로 생기는 희생자를 줄이기 위해 스위스의 제네바에서 맺어진 국제 조약을 말한다. 민간인, 부상자, 병자, 포로 등을 보호하는 것이 목적이다.

힘을 가진 나라들은 그저 팔짱만 낀 채 이 비극을 지켜봤습니다. 그들은 자신들이 왜 개입해야 하고, 언제 개입해야 하는지 끊임없이 저울질했습니다. 그 순간에도 수많은 사람이 죽어 가고 있었는데 말입니다. 이후에 국제 사회는 새로운 개념을 만들어 내게 됩니다. 분쟁이 일어날 경우, 해당 국가의 주권을 고려하여 구호의 손길을 언제 내밀어야 할지 고민하기보다는 그 나라 국민의 안전을 가장 위에 두고 무력 사용을 결정하자는

폐허가 된 사라예보의 당시 모습.
수많은 사람이 지금도 총소리, 폭탄이 떨어지던 충격,
죽어가던 이들에 대한 기억으로 고통받고 있다.

'인도적 개입'이었습니다.

보스니아 헤르체고비나의 전쟁은 끝났지만 지구에서 전쟁은 끝나지 않았습니다. 지금도 세계 곳곳에서는 승자 없는 싸움이 계속되고 있으니까요. 우크라이나에서, 팔레스타인에서, 시리아에서 말이죠. 과거 전쟁에서 사람들은 군대와 군대가 부딪칠 때 휘말려 피해를 입곤 했습니다. 그런데 오늘날 전쟁은 무기를 들지 않은 보통 사람들을 제일 먼저 공격할 대상으로 삼고 있습니다. 그것이 가장 빠르게 항복을 이끌어 낼 방법이라 보기 때문이지요. '전투'가 아닌 '인간 청소'라 생각하는 셈입니다.

전쟁은 많은 것을 파괴합니다. 그중에서도 한번 파괴되면 절대 돌이킬 수 없는 것이 있습니다. 바로 사람의 생명입니다. 국가가 국민을 보호하지 못한다면, 국경을 넘어 그들을 지켜야 하는 것이 바로 세계인의 의무가 아닐까요? 〈세계 인권 선언문〉에 적힌 것처럼 말입니다.

7장

아르메니아, 메즈 예게른

끝나지 않은 죽음

#20세기_최초의_제노사이드

제 이름은 소나, 아르메니아 사람입니다

1915년 새해가 밝은 지 얼마 안 되었을 무렵, 비틀리스에 살던 소나의 집에 총칼을 든 군인들이 들이닥쳤습니다. 그날 소나의 오빠 아람은 가족과 인사를 나눌 겨를도 없이 오스만 제국의 군인이 되어 길을 떠났습니다.

아람은 처음에 군인이 되는 것도 나쁘지 않다고 생각했습니다. 하지만 상황은 이상하게 흘러갔습니다. 아르메니아에서 온 군인에게는 무기를 주지 않았습니다. 같은 아르메니아 사람이 아람에게 그 이유를 알려 주었습니다.

"우리는 그냥 총알받이일 뿐이야. 우리를 군대에 넣은 건 우리를 죽이기 위해서야. 여기서 살아 나갈 방법은 없어."

그 말대로였습니다. 아람을 비롯한 아르메니아 남자들은 무기 하나

없이 맨 앞에 서서 적진으로부터 날아오는 총알을 온몸으로 막다 죽어 갔습니다.

두 달이 지나고 오스만 제국의 군대는 아람이 떠난 집으로 다시 찾아왔습니다. 이번에는 소나의 아버지를 끌고 가는 것이 목표였습니다. 소나가 아버지를 다시 본 곳은 마을 광장이었습니다. 알아보기 어려울 정도로 망가진 아버지의 몰골에 소나는 울음을 터뜨릴 뻔했습니다. 마을 사람들은 아버지가 공부를 많이 한 사람이라 이런 일을 당한 것이라 했습니다.

그날 마을을 떠나라는 명령에 소나의 가족을 비롯한 마을 사람들은 그저 앞을 향해 걷고 또 걸어야만 했습니다. 도시가 끝나고 사막이 시작되었지만 걸음을 멈출 수는 없었습니다. 걷기 힘들어 넘어지기라도 했다가는 어김없이 군인의 채찍질이 이어졌습니다. 같은 마을에서 나고 자란 언니들이 밤마다 잡혀갔습니다.

　그것은 죽음의 행렬이었습니다. 낮이면 끝없이 펼쳐진 모래 위를 걷
다 지쳐 쓰러져 죽고, 밤이면 추위에 떨다 죽음을 맞이했습니다. 살아남
더라도 계속된 굶주림에 하나둘씩 희망을 잃어 갔습니다. 소나의 옆에
서 걷던 아줌마도 결국 아이를 안은 채로 쓰러졌습니다.

　"도와주세요. 아이는 아직 살아 있어요!"

　소나가 외쳤지만 사람들은 아이를 구해 줄 힘조차 남아 있지 않았습
니다. 옆을 지나가던 노인이 소나에게 겨우 들릴 듯 말 듯 한 목소리로
말했습니다.

　"그냥 두렴. 저 아이를 데려간다고 해도 언제까지 살 수 있을지 모르

는 일이야. 어쩌면 엄마와 함께하는 마지막이 나을 수도 있어."

소나는 이를 악물고 눈물을 삼켰습니다. 왜 이런 죽음이 계속되어야 하는 걸까요? 소나는 아르메니아 사람이었고, 오스만 제국은 아르메니아 사람들을 모두 없애 버리고 싶어 했습니다.

다행히 소나는 그 죽음의 행렬에서 몇 안 되는 생존자가 되었습니다. 이탈리아에 살고 있던 친척이 군인에게 돈을 주고 소나를 빼냈기 때문입니다.

아르메니아와 오스만 제국

아르메니아는 아주 작은 나라입니다. 우리나라의 3분의 1쯤 되는 크기에 인구는 300만 명도 채 되지 않지요. 그러나 그 역사는 아주 오래됐습니다. 고대 문명 중 하나인 메소포타미아 문명은 티그리스강과 유프라테스강 사이에서 나타났는데, 이 두 강이 바로 아르메니아 국경 가까이에 있는 아라라트산에서 시작합니다. 아라라트산은 기독교 성경에서 대홍수가 끝나자 노아의 방주가 멈춘 곳이기도 합니다. 이러한 배경을 바탕으로 아르메니아는 그들만의 독특한 문화를 만들었습니다.

고대 아르메니아는 메소포타미아 문명을 지배했던 아시리아나 로마와 비교할 만큼 큰 나라였습니다. 301년에는 세계 최초로 기독교를 나라의 종교로 받아들였습니다. 동서양의 중심에 자리한 탓에 오랜 시간을 주변 나라의 침략에 시달리기도 했습니다. 비잔틴 제국, 페르시아 제국, 셀주크 제국, 몽골 제국, 오스만 제국에 이어 러시아 제국까지 말입니다. 그렇게 수천 년간 이어진 혼란 속에서 가장 끔찍했던 시기는 오스만 제국의 통치를 받던 20세기 초반이었습니다.

18세기 유럽에서는 인권을 국가 차원에서 처음으로 선언한 사건이 일어났습니다. 인간이라면 누구나 자유롭고 존엄하다는 가치를 내세운 프랑스 혁명이었습니다. 이 사건을 계기로 사람들은 자신이 누구인지, 또 권리란 무엇인지 고민하게 되었고, 그 흐름은 유럽 곳곳으로 퍼지며 자유주의와 민족주의의 바람을 일으켰습니다.

자유주의와 민족주의는 어떤 민족에게는 독립의 의지를 드높였지만,

기독교 성경에 따르면 노아는 하나님의 명을 따라
가족과 동물들을 방주에 태워 대홍수를 피했으며,
훗날 방주는 아라라트산에 머물렀다고 전해진다.
아르메니아는 오늘날 세계 최초의 기독교 국가이다.

어떤 민족에게는 자기 민족이 최고라는 우월감을 불러일으켰습니다. 다른 민족을 없애기 위한 도구로 이용되었지요. 오스만 제국도 그러했습니다. 오스만 제국은 한때 지중해를 중심으로 북아프리카와 동남유럽, 서아시아까지 세 대륙을 가로지르는 땅덩이를 거느렸습니다. 그러던 오스만 제국의 식민지들이 민족주의의 영향을 받아 하나둘 독립을 요구하기 시작했습니다.

오스만 제국은 내부의 힘을 다지기 위해 소수 민족을 향한 탄압의 분위기를 만들어 갔습니다. 당시 술탄이었던 압둘하미드 2세와 뒤이어 개혁으로 정권을 잡았던 **청년튀르크당**❷은 눈엣가시였던 아르메니아 사람들을 없애는 것을 목표로 삼았습니다. 그렇게 19세기 말부터 20세기 초까지 아르메니아 사람들을 향한 학살이 벌어집니다. 오랜 기간에 걸쳐 일어난 만큼 얼마나 많은 사람이 죽었는지 가늠하기 어렵죠.

> 청년튀르크당은 오스만 제국이 끝나 가던 무렵에 등장한 정치 세력으로, 유럽처럼 헌법과 의회가 있는 나라를 만들고자 했다. 이들은 훗날 압둘하미드 2세를 몰아내고 오스만 제국의 권력을 손에 넣었다.

하미드 학살부터 아다나 학살까지

러시아 제국은 겨울이면 항구가 대부분 꽁꽁 얼어붙습니다. 그래서 얼지 않는 항구인 부동항을 손에 넣고자 수백 년 동안 남쪽으로 내려가려 했습니다. 결국 러시아 제국은 19세기 초에 두 차례에 걸친 페르시아와의 전쟁에서 승리하며 코카서스 지역에 대한 영향력을 높여 갔습니다. 이는 이곳의 최강자였던 오스만 제국과의 충돌이 다가왔음을 알리는 신호이기도 했습니다. 결국 1877년부터 1년간 두 나라 사이에 전쟁이 일어납니다.

전쟁은 러시아 제국의 승리로 끝났습니다. 발칸반도에서는 루마니아, 세르비아 등이 오스만 제국으로부터 독립했으며, 코카서스에서는 원래 오스만 제국의 땅이었던 서아르메니아의 일부가 러시아 제국의 통치를 받게 되었습니다. 러시아 제국은 아르메니아와 같은 기독교 국가였기에 아르메니아 사람들은 그들의 통치를 오히려 반기기도 했습니다. 문제는 다른 유럽 열강들의 간섭이었습니다. 러시아 제국의 힘이 커지는 게 못마땅했던 영국과 프랑스 등 서유럽 국가들의 방해로 러시아 제국의 군대는 결국 서아르메니아 지역에서 물러나게 되었습니다.

러시아 제국의 통치를 받는 동안, 아르메니아 사람들의 독립 의식은 매우 높아집니다. 실제로 독립을 위한 수많은 저항운동이 일어났습니다. 오스만 제국은 이런 아르메니아 사람들이 불안했습니다. 러시아 제국과 언제 손잡을지 몰랐고, 전쟁으로 많은 땅을 잃어버린 상황에서 아르메니아의 독립으로 세력이 줄어들까 염려되었기 때문입니다.

압둘하미드 2세는 아르메니아 사람들을 힘으로 찍어 누르기 시작했습니다. 이 일로 1894년부터 1896년 사이에 오스만 제국에 살던 아르메니아 사람들 가운데 약 30만 명이 목숨을 잃었고, 2,000개가 넘는 마을이 사라졌습니다. 이 사건을 '하미드 학살'이라고 부릅니다. 이후 압둘하미드 2세는 젊은 지식인들이 중심이 된 청년튀르크당에게 쫓겨났습니다.

러시아

카스피해

흑해

조지아

아르메니아

아제르바이잔

튀르키예

아제르
바이잔

이란

코카서스는 흑해와 카스피해 사이에 있는
지역으로, 오래전부터 갈등이 끊이지 않았다.
코카서스 3국은 보통 코카서스 산맥의 남쪽에 자리한
조지아, 아르메니아, 아제르바이잔을 일컫는다.

오스만 제국의 정권을 장악한 청년튀르크당의 지도자들은 생각했습니다. 혼란한 사회는 새로운 나라에 위협이 될 것이라고 말입니다. 새롭게 권력을 잡은 청년튀르크당에는 강력한 통치를 위한 수단이 필요했고, 그들이 선택한 것은 민족주의였습니다. 청년튀르크당은 독립을 요구하거나 그런 움직임을 보이는 소수 민족들을 강하게 탄압했습니다.

하필이면 이때 오스만 제국의 무슬림 세력과 아르메니아 사람들 사이에 충돌이 일어납니다. 청년튀르크당은 사실을 따지지도 않고, 아르메니아 사람들뿐만 아니라 함께 살던 아시리아 사람들까지 마구 공격했습니다. 그렇게 1909년에 아르메니아 사람들이 많이 살았던 아다나 지역에서 2만~3만 명이 죽었습니다. 이를 '아다나 학살'이라고 합니다.

오늘날 오스만 제국을 이어받은 국가인 **튀르키예**는 아다나 학살이 우연한 충돌로 발생했고, 진압 과정에서 터진 사고라고 변명하고 있습니다. 그러나 아르메니아 사람들의 기록에 따르면 그것은 계획된 학살이었습니다. 정부로부터 이미 무기가 지급되어 있었고, 아다나 지역의 언론은 아르메니아 사람들에 대한 나쁜 여론을 만들어 내고 있었습니다.

> ❗ 오스만 제국을 다스리던 술탄은 20세기에 들어서며 청년튀르크당의 혁명으로 헌법의 제한을 받게 되었다. 제1차 세계대전에서 진 오스만 제국은 결국 멸망했고, 그 뒤에 공화국이 세워지면서 지금의 튀르키예가 되었다.

나치가 유대인에게 그랬던 것처럼 청년튀르크당은 아르메니아 사람들의 집에 특별한 표시를 해 두기도 했습니다. 결국 이는 잔혹한 폭력과 방화로 이어졌습니다. 그 학살에서 아르메니아 사람들을 구하려는 정부나 경찰은 존재하지 않았습니다.

살기 위해 떠나야 했던 고향

아르메니아의 슬픈 역사는 여기서 끝이 아니었습니다. 1915년부터 제1차 세계대전 기간 동안, 청년튀르크당의 주도로 아르메니아 사람들을 향한 대규모 학살이 일어납니다. 오늘날 20세기 최초의 제노사이드라 여겨지는 아르메니아 대학살은 보통 이때를 가리킵니다.

오스만 제국은 가장 먼저 젊은 아르메니아 남성을 학살의 대상으로 삼았습니다. 1914년에 제1차 세계대전이 일어나자 젊은 아르메니아 남자들은 오스만 제국의 군인으로 전쟁을 치르게 되었습니다. 오스만 제국은 아르메니아 남자들에게 아무런 무기도 내어 주지 않았습니다. 그런데 이 전쟁에서 맨 앞에 나서야 했던 것은 힘없는 아르메니아 사람들이었습니다. 빈손으로 적들 앞에 내몰린 아르메니아 남자들은 온몸으로 총알을 막다 죽어 갔습니다. 아예 아르메니아 남자들만 모아 수용소에 가두거나 사막에서 죽이기도 했습니다.

그다음 대상은 아르메니아의 지식인들이었습니다. 여기에는 정치인, 기자뿐만 아니라 예술가까지 포함되었습니다. 오스만 제국은 그들이 자신들에게 저항하도록 아르메니아 사람들을 부추긴다고 생각했기 때문입니다. 학살의 범위는 점점 넓어져 모든 아르메니아 사람들에게 향했습니다.

1915년, 오스만 제국의 군대가 아르메니아 남자들을
끌고 가는 모습.

그들은 재산을 빼앗고, 집을 파괴했습니다. 그것도 모자라 사람이 살기 어려운 시리아, 메소포타미아 지역의 사막으로 내쫓았습니다.

삶의 터전에서 쫓겨난 이들에게 목적지는 없었습니다. 어디론가 하염없이 계속 걸어야만 했고, 제대로 먹지도 마시지도 못했습니다. 도둑 떼가 아르메니아 사람들을 덮칠 때, 그들을 감시하던 군인들은 모른 척하거나 한패처럼 행동했습니다. 길을 가다가 여성들이 잡혀가거나 맞아도 아무도 말리지 않았습니다. 어린아이나 노인이 뒤처지는 경우에는 그 자리에서 바로 죽임을 당하기도 했습니다. 사막의 뜨거운 햇볕 아래 사람들은 목이 말라 쓰러졌고, 밤에는 추위와 배고픔으로 잠을 이룰 수 없었습니다.

아르메니아 정부에 따르면 당시 희생자는 최소 150만 명으로 추정됩니다. 학살이 일어나기 전, 오스만 제국에 살았던 아르메니아 사람들의 수는 약 200만 명입니다. 많게는 4명 가운데 3명꼴로 목숨을 잃었으니 가족을 잃지 않은 사람이 없다고 봐야겠죠.

살아남은 사람들은 아르메니아에 더 머무를 수 없었습니다. 언제 죽을지 몰랐으니까요. 다행히 외국에 가족이 있는 사람들은 그곳으로 몸을 피했습니다. 목숨을 걸고 탈출해서 다른 나라에 정착하기도 했습니다. 이런 사람들을 '디아스포라'라고 합니다. 예로부터 살던 땅을 떠나 세계 곳곳에 흩어져 살아가는 이들은 공동체를 이루어 자신들의 뿌리를 기억하고 있습니다. 아르메니아는 오늘날 세계에서 그 나라에 사는 사람의 수보다 디아스포라의 수가 더 많은 유일한 나라입니다. 끔찍한 학살에서 살아남기 위해 도망쳐야 했고, 그것이 오늘날까지 계속된 것입니다. 디아스포라는 아르메니아 대학살의 증거로, 전 세계에 살아 숨 쉬고 있습니다.

제국주의 국가의 희생양

제국주의 국가는 자신의 영토를 끊임없이 넓히고자 했습니다. 가질 수 있는 자원은 정해져 있는데 그들의 탐욕은 끝이 없었습니다. 그 탐욕과 탐욕이 부딪쳐 전쟁이 일어나고, 수많은 사람이 삶의 터전을 잃어야 했습니다. 힘없는 국가나 민족은 지도에서 영영 사라지기도 했습니다. 특히나 아르메니아 대학살이 벌어지던 때는 영국, 프랑스, 독일, 이탈리아, 러시아 제국 등 유럽의 강대국들이 식민지를 갖기 위해 치열하게 경쟁하던 시기였습니다.

당시 오스만 제국은 많은 영토를 잃었지만 여전히 아시아, 유럽, 아프리카를 잇는 길목이었습니다. 이런 오스만 제국을 유럽 국가들이 그냥 두고 볼 리 없었습니다. 특히 러시아 제국은 부동항을 얻고자 끊임없이 영토를 넓혀 나가고 있었습니다. 목표를 이루기 위해 러시아 제국은 아르메니아 사람들을 도와주는 척하며 오스만 제국에 맞서 싸울 것을 부추겼습니다. 오스만 제국에서 벗어나고 싶어 하는 마음을 이용했던 것이지요. 겉으로는 아르메니아의 독립을 지지하는 것처럼 굴었지만, 사실은 이때 빌려준 힘을 들먹여 나중에 원하는 바를 얻기 위해서였습니다.

영국이나 프랑스도 독립을 향한 아르메니아 사람들의 바람을 이용했습니다. 아르메니아 사람들은 오스만 제국 안에서 유일하게 기독교를 믿는 민족이었습니다. 이러한 공통점은 유럽의 제국주의 국가들이 써먹기 좋은 구실이었습니다. 실제로 아르메니아 사람들에게 접근한 그들은 자신들의 잇속을 차리기 바빴습니다. 아르메니아가 독립하면 오스만 제국은 약해질 것이고, 이때를 틈타 오스만 제국의 영토를 빼앗을 수 있으니까요.

이러한 서구 열강의 의도를 오스만 제국이 모를 리 없었습니다. 그런데도 그들은 문제의 원인인 아르메니아 사람들을 제거하면 된다고 생각했습니다. 아르메니아 사람들을 학살한 것은 오스만 제국이지만, 결국 이 모든 비극 뒤에는 제국주의가 자리하고 있었습니다.

사과 없는 눈치 게임

2015년, 당시 미국의 대통령이었던 버락 오바마는 아르메니아 대학살이 100주년을 맞이하는 행사장에서 '제노사이드'라는 말을 쓰는 것을 피했습니다. 유엔에서 전쟁범죄로 인정하는 제노사이드 대신 **메즈 예게른**❷이라 표현했지요. 같은 나토 회원국이자 군사 작전에서 중요한 위치에 있는 튀르키예의 눈치를 보았던 것입니다.

> 메즈 예게른은 아르메니아 사람들이 자신들에게 일어난 학살을 '대재앙'이라는 뜻으로 부르는 말이다. 민족 전체가 겪은 깊은 고통을 담고 있다.

과거 아르메니아의 독립을 부추겼던 러시아도 마찬가지입니다. 오늘날 러시아는 튀르키예를 지나는 가스관 사업에 연관되어 있습니다. 따라서 아르메니아에서 일어났던 일을 이야기하리라 기대하긴 어려워 보입니다. 전쟁으로 같은 비극을 겪은 이스라엘 역시 아르메니아 대학살을 제노사이드로 인정하지 않고 있습니다. 그 이유는 군사적으로 매우 가까운 협력 관계를 맺고 있는 아제르바이잔 때문입니다. 아르메니아는 30년 넘게 이웃 나라인 아제르바이잔과 영토 분쟁을 벌여 왔습니다. 2025년 3월에 두 나라는 평화협정 초안에 합의했지만 협정을 맺기까지는 아직 갈 길이 멀지요. 칼과 총으로 인권이 짓밟혔던 역사가 21세기에 다시 한번 보이지 않는 힘겨루기로 잊혀 가고 있는 셈입니다.

기억해야 하는 이유

기억은 우리가 어떻게 행동해야 하는지에 대한 기준을 만들어 줍니다. '정의로운 일인가 아닌가?', '사람이라면 해서는 안 될 행위인가 아닌가?'라는 판단에 방향이 되어 주죠. 제2차 세계대전 당시 유대인 학살을 일으킨 히틀러는 자신의 책에 이런 말을 남겼다고 합니다.

"도대체 지금 와서 누가 아르메니아인에 대한 학살을 이야기하는가?"

만약 오스만 제국이 먼저 아르메니아 대학살을 인정하고 사과했다면 어땠을까요? 제1차 세계대전이 마무리되고 강대국들이 모여 다시는 이러한 전쟁이 일어나지 않도록 입을 모았던 것처럼 말입니다. 그리하여 인류가 제노사이드란 명백한 범죄이고 잔혹한 행위라는 것을 인식했다면요?

아르메니아 대학살 기념관에 있는 12개의 기둥.
기둥의 중심에는 365일 꺼지지 않는 불꽃이
희생자들을 기리고 있다.

어쩌면 유대인을 향한 나치의 홀로코스트는 일어나지 않았을 수도 있습니다. 이것이 우리가 역사를 기억해야 하는 이유가 아닐까요?

2023년, 30년 만에 처음으로 튀르키예와 아르메니아 사이의 국경이 열렸습니다. 튀르키예에 대지진이 일어나자 아르메니아에서 구호품을 보낸 것입니다. 튀르키예의 외무장관은 아르메니아에 감사를 표했습니다. 아주 짧은 순간이었지만 평화의 길이 그리 멀리 있지 않다는 것을 보여 준 장면이었습니다. 이 평화가 이어지기 위해서는 가해자의 진심 어린 사과와 희생자들을 잊지 않으려는 모두의 노력이 필요하다는 사실을 기억하면 좋겠습니다.

참고 자료

1장 중국, 난징 대학살

아이리스 장, 윤지환 옮김, 2006,《역사는 힘있는 자가 쓰는가》, 미다스북스

김정현, 2019, "난징 점령지의 일본군 위안소와 '위안부' 피해",〈동북아역사논총〉, 66, 162-203

김지훈, 2020, "난징대학살 기념관의 전시와 기억",〈사림〉, 71, 29-62

김형열, 2012, "난징대학살과 기억의 정책: 학살에 대한 기억의 전승과 관리를 중심으로",〈대구사학〉, 106, 57-89

박찬승, 2016, "동아시아에서의 제2차 세계대전의 기념과 집단기억", 〈동아시아문화연구〉, 64, 13-50

유강하, 2015, "난징대학살의 기록자, 아이리스 장의 죽음에 대한 한 연구", 〈외국학연구〉, 34, 279-298

Sheldon H. Harris, 1994, *Factories of Death*, Routledge, London

난징 대학살 기념관 www.19371213.com.cn

2장 독일, 홀로코스트

비키 오랜스키 위튼스타인, 안희정 옮김, 2014,《나쁜 과학자들》, 다른

조효제, 2011,《인권을 찾아서》, 한울아카데미

죙케 나이첼 외, 김태희 옮김, 2015,《나치의 병사들》, 민음사

최호근, 2006,《서양 현대사의 블랙박스 나치 대학살》, 푸른역사

프리모 레비, 이소영 옮김, 2014,《가라앉은 자와 구조된 자》, 돌베개

박지원, 2017, "법률적 관점에서 본 한국어의 혐오, 차별 표현: 입법적 규제의 필요성",〈새국어생활〉, 27(3), 33-47

아우슈비츠 비르케나우 박물관 www.auschwitz.org/en/

야드바셈 홀로코스트 박물관 www.yadvashem.org

3장 한국, 제주4·3

양정심, 2008, 《제주 4·3항쟁》, 선인

허영선, 2006, 《제주 4·3》, 민주화운동기념사업회

제주 시민 신정수, 고영옥, 고대승 님의 증언

제주4·3사건 진상규명 및 희생자 명예회복위원회, 2003, 〈제주4·3사건 진상조사보고서〉

제주4·3연구소 외, 2006, 〈평화와 인권의 성지 제주시: 4.3유적지답사길잡이〉, 제주시

제주4·3평화재단 jeju43peace.or.kr

4장 르완다, 아프리카의 눈물

노암 촘스키 외, 박종일 옮김, 2011, 《학살의 정치학》, 인간사랑

필립 고레비치, 강미경 옮김, 2011, 《내일 우리 가족이 죽게 될 거라는 걸, 제발 전해주세요!》, 갈라파고스

김기용, 2014.04.07, "처벌 대신 용서… 르완다 일으켜 세운 '가차차'", 동아일보

주경철, 2009.08.07, "[주경철의 히스토리아](19) 르완다 대량학살 사건 이후", 조선일보

유엔 평화유지군 peacekeeping.un.org

5장 캄보디아, 킬링필드

로웅 웅, 이승숙 외 옮김, 2019, 《킬링필드, 어느 캄보디아 딸의 기억》, 평화를품은책

이우상, 2006, 《앙코르 와트의 모든 것》, 푸른역사

오기성, 2022, "평화·화해를 위한 캄보디아의 평화교육 여정 연구", 〈초등도덕교육〉, 78집, 295-319

이기중, 2017, "캄보디아 제노사이드와 리티 판의 영화 프로젝트", 〈현대영화연구〉,

6장 보스니아 헤르체고비나, 사라예보 포위전

조 사코, 함규진 옮김, 2004, 《안전지대 고라즈데》, 글논그림밭

즐라타 필리포비치, 왕철 옮김, 1994, 《즐라타의 일기》, 미래투자연구소

피터 마쓰, 최정숙 옮김, 2002, 《네 이웃을 사랑하라》, 미래의창

JTBC, 2022.08.25, 〈세계 다크투어〉 11회

7장 아르메니아, 메즈 예게른

니콜라이 호바니시안, 이현숙 옮김, 2011, 《아르메니아인 제노사이드》,
   한국학술정보

벤자민 발렌티노, 장원석 외 옮김, 2006, 《20세기의 대량학살과 제노사이드》,
   제주대학교 출판부

파올로 코시, 이현경 옮김, 2011, 《메즈 예게른》, 미메시스

강윤희, 2018, "아르메니아 문제와 유럽 강대국 외교: 1877-78 러시아-투르크
   전쟁과 베를린 회의를 중심으로", 〈러시아연구〉, 28(2), 1-48

김영술, 2015, "아르메니아인 대학살을 어떻게 볼 것인가", 〈내일을 여는 역사〉, 60,
   220-232

아르메니아 대학살 박물관 www.genocide-museum.am

프랑스 국립도서관 www.bnf.fr/en

다른 인스타그램

뉴스레터 구독

나쁜 유적지들

전쟁과 학살의 현장에서 배우는 인권

초판 1쇄   2025년 5월 2일
초판 2쇄   2025년 9월 30일

지은이   박민경

펴낸이   김한청
기획편집   원경은 차언조 양선화 양희우 장민기
마케팅   정원식 이진범
디자인   이성아 황보유진
운영   설채린

펴낸곳 도서출판 다른
출판등록 2004년 9월 2일 제2013-000194호
주소 서울시 마포구 동교로 27길 3-10 희경빌딩 4층
전화 02-3143-6478   **팩스** 02-3143-6479 **이메일** khc15968@hanmail.net
블로그 blog.naver.com/darun_pub   **인스타그램** @darunpublishers

ISBN 979-11-5633-688-4 43900

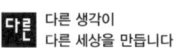 다른 생각이
다른 세상을 만듭니다